STAMPS OF
INSECTS

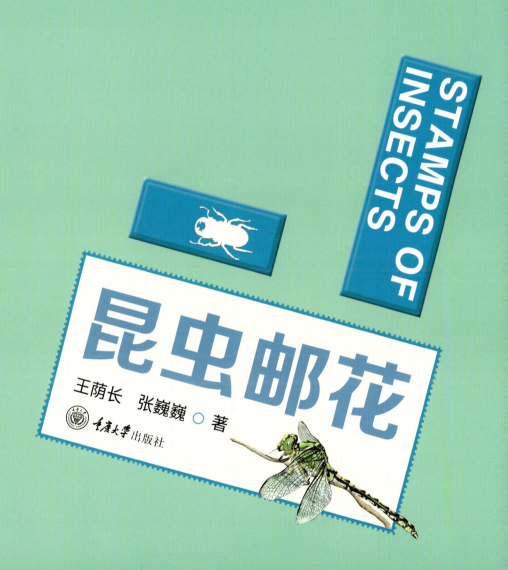

昆虫邮花

王荫长　张巍巍 ○ 著

重庆大学出版社

图书在版编目（C I P）数据

昆虫邮花 / 王荫长，张巍巍著. -- 重庆 ： 重庆大学出版社，2024.10. --（好奇心书系）. -- ISBN 978 -7-5689-4829-6

Ⅰ.G262.2；Q96-49

中国国家版本馆CIP数据核字第20249DP979号

昆虫邮花
KUNCHONG YOUHUA

王荫长 张巍巍 著

策划：鹿角文化工作室 策划编辑：梁 涛
责任编辑：姜 凤 版式设计：周 娟 刘 玲
责任校对：刘志刚 责任印刷：赵 晟

*

重庆大学出版社出版发行
出版人：陈晓阳
社址：重庆市沙坪坝区大学城西路21号
邮编：401331
电话：(023) 88617190 88617185（中小学）
传真：(023) 88617186 88617166
网址：http://www.cqup.com.cn
邮箱：fxk@cqup.com.cn（营销中心）
全国新华书店经销
重庆亘鑫印务有限公司印刷

*

开本：787mm×960mm 1/16 印张：20.5 字数：330千
2024年10月第1版 2024年10月第1次印刷
ISBN 978-7-5689-4829-6 定价：128 .00元

序

　　《邮票图说昆虫世界》和读者见面已有 15 年了，许多读者在茶余饭后浏览此书，仍兴趣盎然，得益良多。应部分读者的建议，我们决定再版此书，并改名为《昆虫邮花》。

　　世界各地发行昆虫邮票，在 20 世纪末已进入高潮。此后，由于电子信息的发展，邮票和大家疏远了。昆虫邮票更是如此。当我们收集到各国各地大量昆虫邮票的时候，许多读者希望能目睹更多的邮票，欣赏它的美丽或艺术，学到更多的昆虫知识，并且建议把它永久保存起来，留给后人观看学习。因此，我们除了再版此书，还建了世界昆虫邮票博物馆，馆内展品布局基本上与《邮票图说昆虫世界》相对应。如此，《昆虫邮花》与邮票博物馆相辅相成、相得益彰。

　　建造世界昆虫邮票博物馆，这在世界上并无先例，我已经是年近九十的老人了！此事交由我儿子王牧来办，他选择在南京市溧水区石湫街道一棵古老的银杏树旁（葫芦坝村，又叫上方村）建馆。那棵银杏树传说是三国时期由孙权母亲亲手种植的，树龄已有 1 800 多年，也曾经遭过雷劫，但至今依然枝繁叶茂、郁郁葱葱，被当地百姓视为神树。每年多有善男信女来此祈福。村里大路两边建起了巨幅蝴蝶、知了和蜜蜂的壁画长廊，既为观展者指路，也营造了蝶飞蜂舞的美景。

　　昆虫邮票已经溢出昆虫博物馆了！周边塘中有锦鲤在戏水，远处水中还有历史悠久、国内罕见的乌嘴白羽凤头鸭相伴（沈晓昆和天成公司赠送）。世界昆虫邮票博物馆已发展成了一个彩蝶飞舞的昆虫世界生态园。游客不但能见到各种美丽、奇妙的昆虫邮票和实物，还能欣赏到蝶舞蝉鸣的奇景，晚间观看萤火虫的流萤，有时还有绽放满天的焰火。甲骨文专家和诗人严东篱先生专为昆虫邮票配了饶有兴趣的甲骨诗文，让观众在游览的同时也能增长古老的文化知识。游客可在昆虫世界生态园内住宿、饮食和听课学习、制作标本。

　　建立这样一个博物馆需要投入资金，首先要感谢南京市溧水区党委和政府，为博物馆建设了许多基础设施，我们也陆续补充了不少配套设施。还要感谢中华虎凤蝶自然博物馆张松奎馆长，送来他亲自制作的珍贵礼物——中华虎凤蝶。中华虎凤蝶如今被爱称为"小虎"，最早是由南京农业大学植保系首任主任黄其林教授在20世纪30年代发现的，它是国家二级保护动物，也是江苏省的代表物种，分布在江苏省的许多丘陵山区（包括南京的江宁、溧水、江浦等区）。中华虎凤蝶的到来，为世界昆虫邮票博物馆增加了一个宝贵的实物品种，表达了我们对老师的深切怀念。

　　因我年老多病，关于《昆虫邮花》的再版工作，全部工作由张巍巍承担，在此深表感谢！并祝《昆虫邮花》越开越绚丽，插上翅膀飞得更美、更高、更远、更久！

王荫长

2023 年清明节

目 录

STAMPS OF INSECTS

引言

　　昆虫在地球上已经生存 4 亿年了，它是当今最大的生物类群之一。目前已知昆虫有 100 多万种，分属 30 个目，上千个科；我国有 10 万多种已进入昆虫名录。未知昆虫的种类可能已远超目前已知的数量。

　　《昆虫邮票》向我们介绍了昆虫的神奇和魅力，邮票的韵味和历程。在邮票中与昆虫对话，听一听尚未知晓的故事，聊一聊昆虫和人类的情结，会使人感到其乐无穷！摩纳哥在 1987 年为纪念当地的一个邮展发行了一套邮票（图 1.1）。这是一套蝴蝶票中票，一只金凤蝶飞来，造访邮票中的同类。昆虫就是这样飞进邮票的吗？事实并非昆虫选择了邮票，而是邮票选择了昆虫。各种各样的昆虫邮票，集中了昆虫世界的精华，浓缩了人类认知昆虫的历史，反映了人类与昆虫的关系。

图 1.1

　　昆虫，有的身材微小柔弱，有的戴盔披甲，凭借两对薄薄的翅膀在地球上建立空中优势；三对分节的足是它们急走、跳跃的工具，也是捕捉、掠杀的武器。它们在地球上占领了除海洋外的绝大多数陆地和水域，经历了冰川时期那种极端严酷的环境，不但没有灭绝，反而在逃过劫难之后大肆繁殖和扩散。如今有的隐居在热带雨林里（图 1.2），有的守候在茫茫荒漠上（图 1.3），有的活跃在农田菜园里，有的经常出没在我们身边。在人类和环境的影响下，虽然一些种类已濒临消亡，但许多种类依然虫口兴旺，常常出其不意地向人类发难。

图 1.2

图 1.3

　　昆虫是生命的精灵、万物的伴侣，也是生命世界中不可缺少的支柱。如果哪天少了它们，地球将变得死气沉沉，花儿无法授粉、结果，鸟儿和青蛙会没有猎物而饿死，牧场和原野会兽粪遍地，各种动物尸体堆积如山，到处散发恶心的臭气。环环相扣的生物链条就会因此断裂，世间大多数生命就会因此而终结。

　　形态各异的昆虫在各自环境中应对自如。妙不可言的种种组织和细胞，不知承载着多少不为人知的基因。有的凭借独特的器官能吐丝泌蜡，为人类提供工业原料；有的组成超个体生命，能为鲜花授粉，为人类酿蜜；有的是庄稼的卫士、害虫的天敌;有的则入侵动植物组织,制造疾病,传播瘟疫。它们与人类有着千丝万缕的情结,它们的功过有多少人为之评说。

17 世纪中叶,意大利科学家马尔比基(Malpighi)(图 1.4)开始用显微镜观察昆虫内部世界,让人们眼界大开,小小苍蝇在显微镜下原形毕露(图 1.5)。100 多年前,法国昆虫学家法布尔(Fabre)观察昆虫、研究昆虫 40 年(图 1.6),写下了 10 卷《昆虫记》,

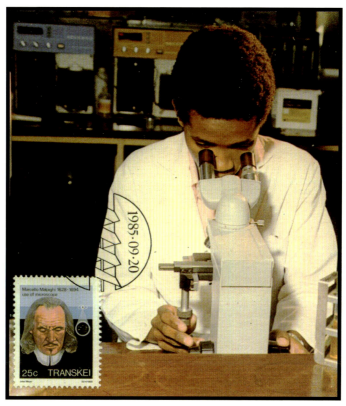

图 1.4

图 1.5

图 1.6

图 1.7

图 1.8

被喻为"昆虫世界的荷马",他的《昆虫记》就是昆虫世界里的荷马史诗。20世纪60年代,毛泽东以诗人的文采,用苍蝇、蚂蚁作比喻,调侃政治舞台上一些人物,诗词、书法都精美绝伦,风趣而且幽默(图1.7)。《红蜻蜓》是日本的一首经久不衰的童谣,著名诗人三木露风作词,作曲家山田耕筰谱曲。《红蜻蜓》曲调非常优美抒情,通过"我"在晚霞中看到的红蜻蜓而引起的回忆,亲切而又深情地抒发了对童年时光的美好回忆(图1.8)。

昆虫在文人笔下是情感的化身,在孩子们心中是充满灵性的玩物,在科学家的实验室里是一门独立的学科。人类的各种基因,几乎在昆虫体内都能找到痕迹。在我们生活中,服饰、饮食、工艺、诗画、爱情、婚姻、疾病、福祉,样样都离不开昆虫。昆虫作为邮票的主题和素材,使方寸天地琳琅满目,从此人世间多了一部百看不厌的科普书。令人爱不释手!

昆虫邮票的前世今生

自 1840 年世界第一枚邮票在英国诞生以来，昆虫邮票在早期度过了一个世纪的寂寥岁月，直到 20 世纪中叶才开始千虫万蝶登场方寸天地的热闹场景。回顾各国发行昆虫邮票的历史，可以看到它从孕育、成长到繁荣的历程。

1. 近百年的缓慢起步（1850—1945）

早年各国邮票多采用国家元首头像，其间仅有少数采用当地风土人情作为题材，昆虫在邮票中极少有露面的机会。1850 年，现属澳大利亚的新南威尔士州发行的产业女神邮票，背景是悉尼风情，画面上有女神坐像，旁边是草编的蜂箱及飞翔的蜜蜂，这被公认是第一枚蜜蜂邮票，也是首枚与昆虫有关的邮票（图 2.1）。可惜画面太小，细小的景物无法辨认。

在 1887 年德国埃森私人城市邮政发行的邮票上，小邮递员以蜜蜂为坐骑，快马加鞭去送信。尽管邮票很小，但蜜蜂作为昆虫，其形象已经扩展到了极点（图 2.2）。1890 年尼加拉瓜也

图 2.1

图 2.2

图 2.3　　　　　图 2.4

图 2.5

发行了产业女神邮票，蜂巢比较清晰，但蜜蜂形象仍然很小（图 2.3）。夏威夷在 1890 年发行的邮票中，末代女王利留卡拉尼的头上，戴着一个蝴蝶发饰，这是全球首枚有蝴蝶身影的邮票（图 2.4）。女王被推翻后，1893 年还发行过"临时政府"加盖票，延长了这枚准蝴蝶邮票的使用寿命。

　　1902 年荷属东印度发行的荷兰女王威廉明娜头像的普票，头像四角都饰有很小的天蛾图案（图 2.5）。日本在 1916 年立裕仁为皇太子的大典纪念票上，太子冠的下方两侧各有一只蝴蝶，大小不足 2 mm（图 2.6）。

　　1923 年日本因关东大地震而发行应急邮票，在两种邮票图案中都出现了寓意吉祥的蜻蜓（图 2.7）。

图 2.6

图 2.7

图 2.8　　　　　　　　　　图 2.9

　　1930年黎巴嫩贝鲁特召开蚕业会议，发行了一套纪念邮票，邮票上有吃桑叶的蚕宝宝、蚕蛾和蚕茧（图2.8）。1935年西班牙在纪念著名诗人、剧作家维嘉逝世300周年的纪念邮票中，有一枚是维嘉得意的藏书票，图中有花草和一头倒地的昆虫（图2.9）。1939—1947年墨西哥发行了宣传灭蚊的邮政税票，图中有一位绿蓝人和一只同等大小的蚊子（图2.10）。1940年伪满洲国发行的邮票的下方中央，有一只小蝴蝶（图2.11），随着侵略战争的失败，原本粉饰太平的蝴蝶，无疑成了侵略者和卖国贼耻辱柱上的殉葬品。

图 2.10

2．十多年的发展（1946—1959）

　　第二次世界大战后，世界各国的邮票题材逐渐趋向多样化，昆虫在邮票上的地位从配角转为主角。1948年智利为纪念克兰迪奥·加格（Clandio Gag）的《智利自然史》发表100周年，

图 2.11

发行了一套有 25 种动植物的邮票，其中有 3 种昆虫登上邮票，它们是蝶蛾（图 5.346）、咖螳螂（图 5.33）和长牙锹甲（图 2.12），从此揭开了各国发行纯昆虫邮票的序幕。1950 年沙捞越发行了一套风情邮票，其中一枚选用了当地有名的红颈鸟翼凤蝶（图 2.13）。广大邮迷以十分激动的心情，终于盼到了这枚期待已久的蝴蝶邮票。同年，澳大利亚为纪念 100 年前新南威尔士州发行有蜜蜂的产业女神邮票，按原图重新绘制发行了这枚古老的邮票，使蜜蜂和旁边的蜂箱轮廓变得更为清晰。

瑞士在 1950—1957 年发行了 8 套儿童福利基金邮票，每套中有 1 枚为文化名人，其余 4 枚为昆虫，前后共发行蜻蜓目、脉翅目、鞘翅目、鳞翅目和膜翅目昆虫邮票 31 枚（图 2.14），1953 年只发行了 3 枚昆虫邮票，但发行了 24 枚紫天牛和黄缘蛱蝶组合的对倒小版张，有人称其为世界上首枚蝴蝶小版张，由于印数只有 3 000 张，当前市场上已难觅踪迹，故成为蝴蝶邮票爱好者梦寐以求的珍品（图 2.15），从 1954—1957 年每年都发行小本票（图 2.16）。邮票用彩色影写版印刷，形象生动逼真，不但很受青少年的欢迎，而且也受到广大集邮者的喜爱。

图 2.12

图 2.13

图 2.14a

图 2.14b

图 2.14c

图 2.14d

图 2.15

图 2.16

图 2.17

    1952 年，我国发行了首枚有蝴蝶的邮票《伟大的祖国 国营农场》（图 2.17）。春天来临，播种机徐徐前行，广阔的土地上是谁带来春天的信息，6 只中国传统装饰图案的蝴蝶在远处飞舞。这是我国首枚带有蝴蝶图案的邮票！

图 2.18

图 2.19

图 2.20

图 2.21

图 2.22

1953 年英属洪都拉斯发行的一套普票，有一枚为黑框蓝闪蝶（图 2.18），套色雕版，充分展现了闪蝶之美。1953 年葡属几内亚发行了一套甲虫邮票（图 2.19）；同年莫桑比克发行了蝶蛾邮票，全套 20 枚，该邮票采用简单的图谱式，彩色影写版印刷，这是最早的昆虫大套票（图 2.20）。1954 年南斯拉夫发行了动物邮票，其中有蟊斯和步甲（图 2.21）；同年匈牙利发行了一套昆虫邮票，共 10 枚，有蟋蟀、蝴蝶和多种甲虫，彩色珂罗版印刷，背景配合恰当，颇具新鲜感（图 2.22）。1955 年捷克斯洛伐克发行了一套只有金凤蝶和欧洲深山锹甲的邮票，富有古典、凝重的情趣（图 2.23）。

20 世纪 50 年代，除昆虫特种邮票和普通邮票外，纪念票逐渐增多。1953 年意大利为设立功勋章发行了邮票（图 2.24），因为功勋章以西方

图 2.23

图 2.24

图 2.25

图 2.26

蜜蜂的形象设计制作，所以该邮票成为与昆虫有关的早期纪念票；同年，第 6 届微生物学会在罗马召开，意大利发行了纪念邮票，图中在微生物学家布西（Bassi）的头像两侧，绘有家蚕的各个虫态（图 2.25）。1954 年喀麦隆发行邮票纪念为研究舌蝇作出突出贡献的法国雅摩（Jamot）医生诞生 75 周年（1879—1937）（图 2.26），邮票中绘有 2 只舌蝇，中间还有研究小组做显微镜观察的场景。

3. 卅年的繁荣（1960—1990）

进入 20 世纪 60 年代以后，亚洲和非洲的一些殖民地获得独立，它们通过邮票宣传本国自然资源和风土人情，便陆续发行昆虫邮票；许多发达国家也以其设计和印刷的优势，推出了精美的昆虫邮票。于是昆虫邮票数量迅猛上升。发行 10 枚以上大套票的国家：60 年代为 8 个，70 年代和 80 年代分别达到 12 和 13 个。全球每年发行昆虫邮票的数量，60 年代初约 10 枚，到 80 年代末便增至 300 枚。发行昆虫邮票的国家，平均每年由 3 个增至 43 个。到 20 世纪 90 年代，昆虫邮票出现了空前未有的繁荣时期。

图 2.27

图 2.28

图 2.29

图 2.30

　　传统的雕刻版昆虫邮票是这一时期的精华。1960 年首先由马达加斯加推出了一套 8 枚的蝶与蛾邮票（图 2.27），同期中非和捷克斯洛伐克分别发行了一套 8 枚（图 2.28）和 9 枚的蝴蝶邮票；老挝与柬埔寨在 1965 年与 1969 年各发行了一套蝴蝶票（图 2.29、图 2.30），这些邮票大多在法国印制，传统色彩浓厚，并具时代特色。捷克斯洛伐克的雕版邮票内容丰富，色彩绚丽，蝴蝶与花朵相伴，蓝天与白云辉映，在偏长的竖型票中，给人以春色满园、天高地厚的感觉，成为经典之作（图 2.31）。

　　1961 年波兰发行了一套 12 枚的方形昆虫邮票，彩色珂罗版印制，与雕刻版相比，显出一种艳丽轻快的风格（图 2.32）。同年匈牙利发行了世界上第一

图 2.31

图 2.32

图 2.33

图 2.34

套蝴蝶小型张（图 2.33），1962 年又发行了第一枚蝴蝶的票中票（图 2.34）。11 年后又一次发行了蝴蝶票中票（图 2.35）。

1962 年在世界卫生组织的号召和推动下，140 多个国家共同发行了带有蚊子标志的抗疟邮票，此事在世界邮票史上也

图 2.35

图 2.36a

图 2.36b

图 2.36c

图 2.36d

留下了浓墨重彩的一笔（图2.36）。我国因联合国席位问题尚未恢复，故没有参与。翌年我国发行了一套20枚的蝴蝶邮票，引起了集邮者和昆虫爱好者的极大兴趣，该邮票由艺术家刘硕仁设计，得到蝴蝶专家李传隆的大力协助，打破了图谱式的单调，以写意的背景烘托蝴蝶的生境。蝴蝶或高或低，或左或右，各票相连，波浪起伏，静中有动。这套票在"文化大革命"期间损毁很多，现已成为昆虫邮票中的珍品（图2.37）。同时期有不少国家发行了蝴蝶大套票，如1965年卢旺

图 2.37

STAMPS OF INSECTS

达分两次发行的一套12枚蝴蝶邮票（图2.38）。
1968年布隆迪发行的一套25枚的蝴蝶邮票（图
2.39），这套邮票四周烫金，富丽堂皇，但该
套邮票同图票多，商业气味较浓。

1963年罗马尼亚的蛾、蝶邮票虽然用凸
版印刷，却创造了一套邮票中有三角形、菱形
和矩形组合的新格局（图2.40）。1970年萨
尔瓦多发行了一套平行四边形昆虫邮票（图
2.41）。

蝴蝶邮票发行史上的另一个奇迹是马来
西亚在20世纪70年代所创造的。1970年，
英国 Bradbury Wilkinson 公司采用平板方式印
刷的该套邮票首先包括一组8枚全国版高面值

图 2.38

图 2.39

图 2.40

图 2.41

图 2.42

图 2.43

票，图色俱佳，内涵丰富（图 2.42）。同时发行了 7 枚低面值票（图 2.43），分别由 13 个州发行，以各自的苏丹头像或纹章作标志，每个州一组，形成了一个庞大的同图票系列，数量达到 91 枚。这些邮票分别在各州和吉隆坡邮政总局出售，全国通用。1973 年，13 个州分别发行了这套邮票的小本票，之后又对其中的邮资表和邮政银行广告进行了两次加贴，加上固有的左右两侧不同的装订形式，可谓变幻莫测，至今无人收集齐全。1976 年，发行了两枚低面值国家版卷筒票，该票由英国 Harrison 公司影写版印刷，在全国 58 个地点通过卷筒邮票售卖机出售。1977—1978年，大量低面值邮票出现短缺，再版发行由英国Harrison公司影写版印刷的部分低面值邮票，但各州发行数量不同，3～6枚不等，并非每种面值都有，其中的彭亨和沙捞越两个州还变更了苏丹头像或纹章。事实上，Harrison公司也再版印刷了高面值邮票，但同样采用平板印刷，跟原版票难以区分。

1971年，比利时发行了一套4种昆虫头部特写的邮票，将鳞翅目、双翅目、膜翅目和鞘翅目昆虫的触角、复眼和口器作了相对细致的展示（图2.44）。1974年伯利兹首发了蝴蝶邮票，由英国艺术家J. Cooter设计，该票所记载的蝴蝶，凡雌雄不同或翅的正反面花斑差异明显的，都通过彩蝶双飞、翅膀开合等形式科学地反映出来（图2.45，未采用图稿）。

20世纪70年代，甲虫邮票数量最多的国家，当数布隆迪、刚果和卢旺达（图2.46、图2.47、图2.48）。1972年法国南方和南极领地的6枚雕刻版

图2.44a

图2.44b

图2.45

图2.46

图2.47

图2.48

图 2.49　　　　　图 2.50　　　　　图 2.51

昆虫邮票（图 2.49），1974 年毛里塔尼亚的 5 枚雕刻版甲虫邮票都富有传统色彩（图 2.50）。1987 年法国的甲虫欠资票一套 10 枚，邮票虽小，但昆虫种类丰富，还有加盖圣皮埃尔和密克隆地区使用的，增添了甲虫票的趣味性和多

图 2.52a

样性（图 2.51）。1986—1987 年日本发行了 5 个系列的 20 枚（10 个双连票）昆虫邮票，雕刻版和影写版套印，并有 1 个小型张和 2 个小本票。票中有蜻蜓、椿象、蝉、甲虫和蝴蝶等多种日本珍稀和观赏昆虫，这种套餐式的票型，开创了昆虫邮票的先河（图 2.52）。

图 2.52b

图 2.52c

图 2.53

1983 年澳大利亚发行了该国第一套蝴蝶普通邮票，其特点是票幅较小，不带底色和框饰，每只蝴蝶跃然票中，都显得无拘无束，而且无特高面值，让收藏者能收到廉价信销票（图 2.53）。1985 年澳门为开发旅游发行了一套 6 枚的蝴蝶邮票和小全张（图 2.54）。这期间许多国家发行了蝴蝶邮票，如 1973 年

图 2.54

图 2.55a

图 2.55b

图 2.56a

图 2.56b

图 2.57

图 2.58

坦桑尼亚的一套 15 枚（图 2.55）、1987 年肯尼亚的一套 16 枚（图 2.56）、1984 年莱索托的一套 16 枚（图 2.57），大大拓展了昆虫集邮的内涵，但不少国家的邮票在设计上多有雷同之处，有的印刷比较粗糙。值得一提的是，圭亚那在这期间发行了大量蝴蝶普票，不久后又发行了 500 多种加盖票，其数量之多，令人眼花缭乱（图 2.58）。

　　昆虫邮票日益丰富的年代，也是邮票形式不断创新的年代。因此在方寸天地中，昆虫变得更加绚丽多姿、五彩缤纷。如在 1968—1969 年，不丹两次发行塑料立体的蝴蝶和昆虫邮票，昆虫像在多层空间中舞动，创意比较新奇(图 2.59，首日封)。两套邮票由于过高的面值，反映了它的商业气息，因此有些邮票目录没有接受。波兰为配合 1991 年日本世界邮展的举办，发行了 6 枚蝴蝶邮票，还创造了 1 枚全息小型张，图中蝴蝶，在变换视角时翅膀形状连续发生变化，如拍翅飞翔，令人称奇（图 2.60）。

图 2.59

图 2.60

4. 世纪之交的膨胀（1991—2005）

20世纪末，许多国家都发行了名贵或珍稀昆虫的邮票。10多年来，不少昆虫（特别是蝴蝶）已经反复多次登场。随着各地保护环境和生物多样性呼声的高涨，昆虫邮票的内涵也随之发生变化，方寸天地中的昆虫从形态、分类转向生态、保育；不少国家或地区以保护世界珍稀昆虫为题材，推出野生动物保护邮票（世界自然基金会，WWF）。同时，邮票发行的商业氛围日益浓厚，不但发行邮票的频率和数量有所增加，而且面值提高，大套票、小版张层出不穷。以加勒比海、大洋洲和非洲的20个国家为例，发行6～12枚的昆虫小版张数量：1997年加勒比海为7个、大洋洲和非洲为12个，共计82枚；1998年分别为12个和16个，共计136枚；1999年分别达到24个和23个，共计236枚；2000年（正值千禧年）分别猛增到45个和28个，共计480枚，相当于20世纪主要国家全部昆虫邮票总量的10%。令邮票收藏者食之无味，弃之可惜。特别是那些虽然有昆虫拉丁学名，但实际上形态特征误差很大的昆虫邮票，在普及科学知识方面负面效应很大。

世纪之交也出现了不少昆虫邮票的精品，如1993年突尼斯发行的小红蛱蝶和金凤蝶生活史邮票（图2.61），在两枚小小的蝴蝶邮票中，可以完整地看到4个虫态。中国香港发行的一套4枚昆虫邮票，用高密度网印刷，非常精致，每只昆虫的中英文名称用微印技术隐在翅脉或腿肢中间，不但能够防伪，还给人以新奇之感（图2.62）。1999年美国集邮月发行的一套昆虫和蜘蛛邮票，全套20枚，这是首次全部采用电脑设计的昆虫邮票，印刷很精致（图2.63）。

图2.61

为了吸引青少年集邮，推广科普知识，邮票背面还附有文字说明，因此被评为国际最佳邮票。有趣的是马绍尔在2002年发行了昆虫和蜘蛛小版票，其中昆虫和蜘蛛的种类，完全是从这套美国邮票上克隆的，其风格却是典型主物配背景的中国水墨画，由中国邮票设计师阎炳武、杨文清设计（图2.64）。

图 2.62

图 2.63

图 2.64

STAMPS OF INSECTS

随着邮票印刷技术的提高，昆虫邮票也出现了越来越多的异形票、异质票、异形齿孔和不干胶自贴票等。如1992年圭亚那推出的金箔蝴蝶邮票（图2.65）。萨摩亚的蝶形邮票（图2.66），冈比亚、老挝、博茨瓦纳和皮特开恩的蝴蝶小型张和小全张（图2.67），陆续登场。此外，与昆虫有关的六角形、八角形和圆形邮票也频繁亮相（图2.68、图2.69、图2.70），都为昆虫邮票爱

图2.65

图2.66

图2.67

图2.68

图2.69

图2.70

图 2.71

图 2.72

好者开拓了收藏空间。2001 年突尼斯的三角形蝴蝶邮票及其小型张，在边纸上印了 132 只蝴蝶，创造了一幅别具一格的百蝶图（图 2.71）。2003 年澳大利亚发行的昆虫小全张的边纸上，鸟翼凤蝶采用 UV 技术，使得翅面上的斑点闪闪发光，增添了几分亮丽（图 2.72）。2005 年泰国发行的甲虫邮票，

图 2.73

通过压凸工艺，使甲虫立体感很强，同时采用 UV 技术，色彩斑纹十分鲜艳，充满活虫的灵气（图 2.73）；又如马来西亚推出的带荧光苔蛾邮票（图 2.74）。总之，这个时期的特点是：小版张和高面值的昆虫邮票泛滥成灾，在数量上升的同时，形式和质量也不断出新。随着电子邮票的出现，昆虫开始进入这个新领域，1997 年新加坡发行了第一种带有蝴蝶图案的电子邮票（图 2.75）。

图 2.74

5．乐观看未来

截至 21 世纪初，世界上纯昆虫邮票总数已经超过万枚，其中约 85％ 为蝴蝶和蛾子，8％ 为甲虫，4％ 为蝗虫、蜜蜂和蚊蝇类，约 3％ 为蜻蜓等其他各类昆虫。在信息时代电子通信屡出新招，邮政通信不断受到挤压的情况下，邮票的功能和市场无可挽回地缩小了。邮票如同盛开的花朵，更显得动人和可爱。昆虫邮票在膨胀期之后，开始进入较为理性的时期。在品质逐步提升的同时，发行数量开始缩减。

昆虫邮票的内容，不断在向保护环境、保护生物多样性和保护昆虫的濒危物种方面发展；准

图 2.75

图 2.76

昆虫邮票比例也有所增加。同时，昆虫邮票的形式和材质不断翻新，继续向多样化发展。如美国发行的授粉小动物邮票，可在四方联内调换邮票位置，组成两种不同的大图案（图 2.76）。从美国（图 2.77）、开曼（图 2.78）和芬兰（图 2.79）的不干胶昆虫邮票可以看出，尽管有集邮者反对，但这种使用方便的邮票正在逐渐增多。个性化邮票是眼前的另一块热土。2004 年第十五届国际植物保护大会在北京召开，中

图 2.77

图 2.78

图 2.79

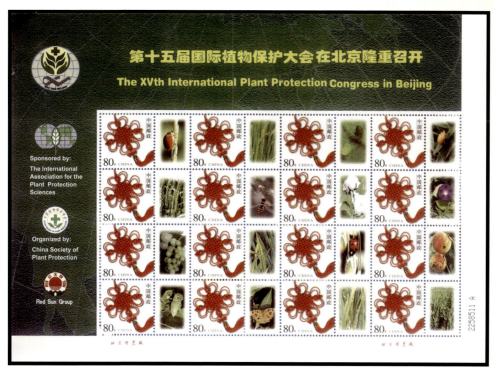

图 2.80

国首次发行了由昆虫、植物病害和杂草组成的个性化邮票（图 2.80）。

图 2.81

近年来，美国邮政当局和一些公司联手，推出个性化网络邮票（图 2.81）。加拿大也有类似网络邮票的专项服务，利用邮票进行宣传并提供范本。昆虫集邮者从邮票制作开始，就可参与选题、设计，充分拓展了集邮的互动性和娱乐性，这种趋势今后是否会成为主流，不敢妄言，但是它正在发展，已成事实。

在日趋浪漫的邮海中，传统的纯昆虫邮票更显得典雅可爱，受人青睐。近来一些国家和地区也发行了不少内容丰富、印刷精良的昆虫邮票，如 2007 年加拿大发行

图 2.82

图 2.83

图 2.84

的益虫邮票（图 2.82），中国香港发行的蝴蝶邮票（图 2.83）等；在风格方面也有所突破，如马来西亚推出的镂空蝶形邮票（图 2.84）。有些用鲜活昆虫拍摄制作的邮品，形象真实、完美。随着数字化水平的提高，图像越来越生动可爱，已被收藏者所珍爱。如果再减量发行，许多昆虫邮品必将更受人青睐。可以相信，今后即使难得有人到邮局去寄信了，但邮票不会戛然而止和销声匿迹，集邮爱好会永远持续下去，昆虫还会不断地飞向方寸天地。

昆虫从远古走来

4亿年前的洪荒时代，原始的昆虫陆续出世，高大的植物群落尚未形成，地面十分贫瘠和荒凉，自然灾害频繁发生，昆虫和许多古老的节肢动物，因为有防水的外壳和发达的气管，以及高效的生理机制和繁殖能力，它们忍受了种种煎熬，躲避了多次劫难，从志留纪开始在陆地上繁衍。到了石炭纪，随着具翅昆虫的出现和兴起，它们的命运发生了巨变，在地面和空中称霸亿万年。

昆虫的进化如此漫长，种类如此之多，它们的故事一个又一个。

1. 有趣的传说

古代，在地中海沿岸流传着关于造物主创造万物的故事，后来被犹太教收录，又演绎成基督教的《圣经》。斯洛文尼亚定2007年为《圣经》年，在《圣经》邮票小型张上有400多年前文化名人朱利季·达尔马廷（Jurij Dalmatin）翻译的《圣经》，边纸上有大洪水和诺亚方舟等插图（图3.1）。《圣经·创世纪》中说："昆虫是上帝在造物的第6天创造的，以后又让各种昆虫成对进入诺亚方舟，度过了大洪水

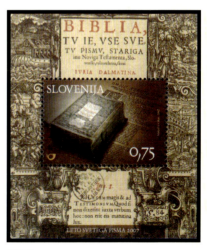

图 3.1

的劫难。"1920年亚美尼亚发行的亚拉腊山邮票（图3.2），该山是诺亚方舟搁浅登陆的地方，幸存的各种生物在这里繁衍扩散。

1960年梵蒂冈发行了《圣经·出埃及记》的邮票（图3.3）。《圣经·出埃及记》讲述了希伯来部族首领摩西为了战胜埃及法老，用魔杖制造虫灾，引发苍蝇、蝗虫满天飞舞，跳蚤、虱子到处蔓延，迫使法老让步，从而使被奴役的希伯来人逃离埃及。这些故事反映了虫灾的频繁和恐惧，也说明古人对自然的无知和无奈。

在古埃及，法老们信奉太阳神，在他们眼里，蜣螂推动粪球，就像天神转动星球；虫蛹化成蜣螂，就是灵魂的再生与升华。因此称蜣螂为凯布利神或"圣甲虫"。1972年在埃及发行的"图坦卡蒙墓发掘50周年"的小型张中，法老图坦卡蒙两边有用圣甲虫等象形文字组合而成的王名圈（图3.4）。

图3.2

图3.4

Flight to Egypt - by Beato Angelico

图3.3

在我国古代，人们普遍认为虫是天生的，虫害是上天降下的，所谓"灾降自天"。"蚕"字拆开，就是"天虫"。2000年多哥发行的中国古代科技成就邮票中，展示了青铜器上的蚕纹象形字（图3.5）。古人对蚕的尊重，也反映了他们对生产的重视。

图3.5　　　　　　　图3.6

我国在2000年发行了古代思想家庄子的邮票（图3.6）。"庄周梦蝶"的故事，妇孺皆知。庄子认为蝴蝶和人可以互变。他对生命变幻的认识可能与养蚕有关，也可能与他见到昆虫存在的变态有关。

2. 进化的足迹

19世纪伟大的博物学家查尔斯·达尔文（Charles Darwin），经过环球考察，研究了大量的古生物化石，发表了动摇上帝创造万物之说的《物种起源》，阐述了昆虫的多样性和复杂性，明确了昆虫在生物界的系统关系。法国在2000年发行的以蝴蝶和兰花等为代表的生物演化史小全张，边纸中用"系统树"连接各种动植物，昆虫高居在无脊椎动物的发展顶点（图3.7）。达尔文彩步甲是达尔文在他随小猎犬号（HMS Beagle）航行期间从智利

图3.7

安第斯山脉采集的标本（图3.8）。

1956年我国发行古生物邮票，其中一枚是万里山三叶虫化石（图3.9）。该化石最早发现于明代崇祯年间的山东泰安，它是早期的节肢动物，因体分为左、中、右三叶而得名。4.5亿年前是它们的黄金时代，那时地球上海洋十分辽阔，众多的三叶虫在水中游荡。在很长时间内，科学家都认为三叶虫是唯一能在化石中见到的昆虫远祖。1999年我国发行了寒武纪早期澄江生物群化石邮票（图3.10）。古生物专家对昆虫的祖先有了新的认识，这是一种大型食肉节肢动物，一只体长两米的奇虾，与昆虫远祖有血缘关系，同时还发现了昆虫的直系远祖抚仙湖虫。研究证明，寒武纪发生过历时上百万年的生命大爆炸，由此演化出昆虫的祖先。三叶虫不过是抚仙湖虫的"远房兄弟"。

昆虫作为陆生节肢动物，可能很早就离开了海洋，发展成为能用气管呼吸的节肢动物。1997年新西兰的昆虫和动物邮票中有一种栉蚕（图3.11），它是原始环节动物向陆生节肢动物过渡的活化石，至今还有少数种类遗存在南美洲、亚洲和大洋洲的热带地区。有人认为，它为昆虫进化奠定了基础。可惜与昆虫进化有关的化石存世很少，要具体说明进化历程还相当困难。2004年德

图3.8

图3.9

图3.10

图3.11

图3.12

国的邮资机符志告诉我们，石炭纪网翅虫化石中清晰可见形成翅膀的痕迹（图3.12）。除了原始的前后翅，前胸和各腹节都有一对扁平的侧背叶，为有翅昆虫的进化途径提供了证

图 3.13

图 3.14

据。邮票中出现的昆虫化石，如2002年斯洛文尼亚邮票上的毛蚊（图3.13），1993年波兰邮票上的琥珀天牛（图3.14），它们的形态与现今昆虫已无多大差别。

3. 白垩纪送别恐龙

原始昆虫出现以后，地球上经历了一次冰川期，导致大量物种灭绝。很久以后气温才慢慢回暖，羊齿植物开始长满大地，桫椤、石松和马尾树形成了郁郁葱葱的森林。逃过劫难的昆虫，有的在地上爬行，有的在空中飞翔。1995年乌干达发行的史前动物邮票中，复原的古巨脉蜻蜓（图3.15）长得和鸟儿一样，个体硕大。科学家推断那时地球上的氧气非常充分，能满足大个子昆虫飞行活动的需要。在1999年乌兹别克斯坦发行的恐龙邮票里，横空出世的巨大蜻蜓从林间起飞，姿态逍遥自在（图3.16）。

1982年南非发行的恐龙邮票中，根据晚二叠纪干燥台地出土的化石，复原了当时的木蜂、蜻蜓、石蛾和石蝇，并绘出了它们与恐龙在一起的场景（图

图 3.15

图 3.16

图 3.17

3.17）。1997 年美国发行的恐龙邮票小版张，全景式地复原了北美大陆上恐龙的生活：走进小版张的上面，就进入了 1.5 亿年前的侏罗纪，在当今的科罗拉多地区，居住着角齿龙、弯龙、翼龙和始祖鸟等，蜉蝣、蜻蜓和豆娘与它们同在。蜻蜓正在被翼龙猎杀，还受到古蜥蜴的威胁（图 3.18）。一种美洲古蜓出现在 1998 年纽阿福欧邮票中，展开翅膀和古蜥蜴差不多大（图 3.19），其翅展最大可达 750 mm，是地球上曾经出现过的最大的昆虫种类。我们把目光移到美国恐龙小版张的下面，进入 7 500 万年前的白垩纪晚期，在莫塔娜地区的池塘里莲花盛开，蜻蜓飞来，不幸落入青蛙口中（图 3.20）。悠然自得的恐龙还不知道生命已经到了尽头。2 亿年前巨大的沙螽曾目送这些庞然大物陆续退出历史舞台。如新西兰的巨沙螽，长 150 ~ 170 mm，身大如鼠，曾经与恐龙一起生活在生机盎然的南极大陆，后来流落到与大陆脱离关系的新西兰，凭借能冰冻自己抵御寒冷的绝技，度过了冰川期的考验，一直延续至今（图 3.21）。更有趣的是，罗马尼亚因货币贬值在 1999 年将甲虫邮票加盖新面值和恐龙图案发行，在方寸天地里，再现了甲虫与恐龙的奇遇记（图 3.22）。

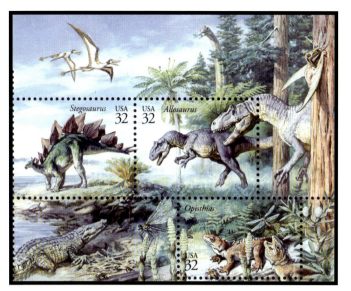

图 3.18

图 3.19

图 3.20

图 3.21

图 3.22

昆虫的外貌特征

昆虫祖先从生命大爆炸中分化出来，在长期的进化过程中，经历了大自然的生死考验，留下了无数的后代，这显然不是上帝的创造，而是适者生存的结果。昆虫不仅拥有节肢动物共有的几丁－蛋白组成的外骨骼，以及灵活的分节附肢,还有许多独特的结构和功能。

1. 六足四翅的骄傲

地球上数百万种昆虫的共同特点，便是身体分头部、胸部和腹部；胸部有六足和四翅。发达的头部是取食、感觉和指挥的中心；充满肌肉的胸部是为飞翔的翅膀和运动的腿足提供有力的支撑；腹部不但有管理代谢的器官，还能孕育成百上千的后代。所有这些都使螃蟹、蜈蚣、蜘蛛和蝎子望尘莫及。

1982 年福克兰（马尔维纳斯）群岛属地发行的节肢动物邮票中，3 枚邮票展示了蛛形纲动物的特点，它们微小的头部和胸部结合在一起，腹面虽然有 4 对足，但背面没有翅膀（图 4.1）；另外 3 枚展示了昆虫无翅和有翅的类型及其独

图 4.1

38.

有的优势。第一枚是延续生命 4 亿多年的异跳虫（图 4.2），分类学家曾经认为它是古老的无翅昆虫，因为它的头、胸、腹部分明。近年来，因为它没有复眼，缺乏翅膀，所以"退出"昆虫纲，自立门户了。还有一枚是步甲（图 4.3），它完全符合昆虫的标准特征：头、胸、腹部分明，六足四翅俱全，后翅被硬化的前翅覆盖着，这是一种高度特化的昆虫；最后是福克兰摇蚊，属双翅目，它的后翅变成了平衡棒，是昆虫另一类特化的典型（图 4.4）。从 1984 年福克兰群岛发行的昆虫邮票中可以看到，福克兰姬蜂具有非常典型的昆虫特征（图 4.5，小本票封面贴票）；1967 年马里发行的昆虫邮票中，经过展翅和整肢的蝗虫，使昆虫特征毫无遮掩（图 4.6）。通过这些经典的形态图，昆虫"身分头、胸、腹，六足又四翅"的特征，都一览无遗。

图 4.2

图 4.3

图 4.4

图 4.6

图 4.5

图 4.7

图 4.8

图 4.9

图 4.10

一只啃食薯块的马陆（图4.7），形状相似的蜈蚣（图4.8），都没有明显的胸部，每个体节都有足。这类蠕虫型的节肢动物，分别属于倍足纲和唇足纲。喀麦隆邮票上的对虾（图4.9），马尔代夫邮票上的裸掌盾牌蟹（图4.10），都是用鳃呼吸的水生节肢动物，称为"十足动物"，属甲壳纲。在海洋里，昆虫虽然没有立足之地，但是它们凭借优异的身体结构和高超的生理功能，在节肢动物中独领风骚。3亿多年前，"明智"的昆虫祖先，毅然决然地舍弃海洋，向陆地和空中发展，终于取得了最后的成功。

2. 五官不全的头部

在漫长的进化过程中，昆虫的祖先已经将身体前面的4～6节，愈合成为发达的脑袋，装配有完善的口器和复杂的感觉器官。昆虫的嗅觉、味觉和触觉，灵敏程度很高，有的甚至超过高等动物和人类。

图 4.11

3亿多年前，昆虫就采用了咀嚼式口器，这是昆虫最基本的取食工具之一。1998年卡塔尔发行的昆虫邮票中，一只张嘴的几内亚步甲露出了口器的主要部件：用来切割、磨碎食物的上颚和下颚，以及拨弄和品尝食物的下颚须和下唇须（图4.11）。

昆虫口器有许多变化，从1962年波兰的

防疟灭蚊邮票上可以看到，蚊子口器的许多"原件"都变成了细针，组合成为刺吸式口器（图4.12）。在1982年越南发行的椿象邮票上，吸食动物体液和植物汁液的椿象，都装配有这类口器（图4.13）。

从1983年苏里南的邮票上，可以看到一只五彩斑斓的绣纹天蛾（图4.14）。它的口器十分细长，不用的时候卷在头下，展开时长达30 cm，它具有高效的虹吸作用，能伸进花心深处吸取花蜜，因此称为虹吸式口器。早年达尔文在研究兰花和昆虫的关系时，看到一种生长在马达加斯加的彗星兰花，它的柱头在花冠中陷得很深，达尔文预测一定有一种喙长30 cm的特殊天蛾替它授粉。几年后，这种绣纹天蛾在南美洲被发现，初步证实了达尔文的预测；41年后，果然在马达加斯加找到了这种长喙的天蛾。当时达尔文的拥护者钦佩他的睿智，就称这种天蛾为"预测天蛾"。1965年马达加斯加发行的兰花和天蛾邮票，其中一枚"预测天蛾"正在将长长的喙伸向彗星兰花（图4.15）。昆虫多样化的口器，为它们适应各种食物创造了条件。它们在进食前总要先用味觉感受器尝一下味道，这种感受器大多着生在下唇须上，但有些昆虫品味食品是靠足上味觉感受器来完成的。

图 4.12

图 4.13

图 4.15

图 4.14

触角是昆虫感受器最为集中的器官之一。触角不但能感受化学信息，还能感知身体两侧的气流，为飞行时平衡身体提供信息。因此，在英语中，昆虫的触角就是天线（antenna）。1971年比利时发行的昆虫邮票中，特别显眼的是雄性月神天蚕蛾的头部：一对半圆形的复眼和两根双栉状的触角（图4.16）。在2016年德国发行的微观世界邮票中，有一枚展现了帝王天蚕蛾触角的末端感受器（图4.17）。在福克兰群岛属地邮票上，可以看到摇蚊的环毛状触角（图4.4）。触角的众多分支和纤毛，有利于增加感受器的数量，提高其灵敏度。在1970年布隆迪发行的甲虫邮票上，扇角四叶叩甲亮出的是扫帚状的触角（图4.18），而在1992年捷克斯洛伐克发行的邮票上，云斑鳃金龟则拥有鳃片状的触角（图4.19）。这些触角不但蕴藏着大量感受器，而且有时张开，有时闭合，高度灵活。在1972年老挝发行的甲虫邮票上，天牛头顶的触角极度延伸，远远超过身体，不仅增加了表面积和感受器数量，而且能直接触及远处物体（图4.20）。生活在波黑洞穴里的盲步甲，由于终日不见阳光，视觉高度退化，它们的一切行动都依靠触角以及身上的长毛来导航（图4.21）。

图 4.16

图 4.17

图 4.18

图 4.19

图 4.20

图 4.21

图 4.22

图 4.23

图 4.24

图 4.25

　　复眼由成千上万个六角形的小眼组成。飞行中的蜻蜓，上能观天，下能看地，不但可以全方位搜索猎物，而且善于扫描空中的飞虫（图 4.22）。1971年比利时发行的昆虫邮票中，比利时虻的复眼占据了头顶的大部分区域，视野十分宽广，在阳光下反射出五彩的条纹（图 4.23）。2000年英国为"千禧年工程项目"发行的邮票上展示了电子显微镜下蚂蚁的头部，让我们能看到成千上万个小眼组成的复眼（图 4.24），这种复眼不仅能分辨细微的形象，还能分辨多种色彩，识别紫外光，检测偏振光。如此灵敏的眼睛，我们人类只能自叹不如。

　　2009年澳大利亚发行的一套微型怪兽邮票，描绘了显微镜下的世界，其中包括5种昆虫和1种蜘蛛头部的电子显微镜照片，5种昆虫分别是旗腹蜂、象甲、蚂蚁、螳螂和步甲（图 4.25）。

3. 美妙高效的翅膀

在1982年圣海勒拿发行的邮票上，非常确切地展示了翅脉密布的蜻蜓翅膀，这是邮票设计者库特（Cooter）用扫描仪复制下来的真实图像。翅脉可以为柔软的膜质翅膀增加强度，特别是前缘两侧的"翅痣"，能使翅膀减振防折，这一结构启发了工程师的灵感，解决了飞机在高速飞行时的折翼难题（图4.26）。

图 4.26

甲虫的鞘翅，在蜕皮后经过鞣化，像盔甲一样坚固，有的还闪耀着金属光泽，十分亮丽。膜质的后翅不使用时就折叠起来，收藏在坚硬的前翅下，即使深入土下，摩擦挤压也不会受损。飞翔时打开前翅，后翅就能自由拍动。从古巴1988年的邮票中，可以看到南美大犀金龟飞行的姿态。举起的前翅，在飞行时不仅能产生一种升力，还有平衡虫体的功能（图4.27）。甲虫有如此巧妙的翅膀，为其在昆虫纲中兴旺发达立了头功。

图 4.27

蝴蝶翅膀上很多都有色彩艳丽的鳞片，对异性、捕食者和人类都有很强的视觉效应。2000年密克罗尼西亚发行的蝴蝶邮票中，有一只绿凤蝶，邮票上可以看到覆瓦状排列的鳞片，极其微细的纵脊也描绘得清清楚楚。纵脊是结构严密的光栅，蕴藏着复杂的纳米技术，让翅面反射出耀眼的光彩（图4.28）。甲虫鞘翅能产生五光十色，也是这个道理。这种由昆虫鳞片的细微结构产生的色彩，称为结构色，有别于一般的色素色，在许多闪蝶中表现最为明显（图4.29）。

图 4.28

蝴蝶翅膀鳞片中各式各样的色素颗粒，形成了斑斓的色彩，将它们打扮得五彩缤纷。在邮

图 4.29

票上可以看到含红蝶呤和胡萝卜素的红翅尖粉蝶（图4.30），含黄蝶呤和橘红蝶呤的中美角翅黄粉蝶（图4.31），含蝶蓝素的蓝闪蝶（图4.32），含胆绿素或蝶蓝素的路比绿灰蝶（图4.33），含白嘌呤的白翅尖粉蝶（图4.34），含真黑素的巴黎翠凤蝶（图4.35），真是琳琅满目，万紫千红。有趣的是，昆虫非常善于搞变废为宝的综合利用，鳞片中各种色素大多由含氮废物转化而来。而且鳞片并不拘于单一色彩，常常形成美丽的斑纹。2007年瑞典发行了一枚有9个斑点的邮票（图4.36）。这些斑点来自何方？它的下方有一只蝴蝶的投影，注明它是霾灰蝶。从1981年英国发行的霾灰蝶邮票中，可以看到这种翅膀正反两面斑纹的差异，瑞典邮票上的斑点，正出自它的反面（图4.37）。灰蝶在休息时将翅合拢，能在草丛里隐蔽自己，这也是昆虫翅膀的一大功能。如果在阳光下，翅膀还能调整角度，降低或增加光辐射，借此调节体温。

图4.30

图4.31

图4.32

图4.33

图4.34

图4.35

图4.36

图4.37

图 4.38

图 4.39

图 4.40

图 4.41

图 4.42

图 4.43

　　蝴蝶翅膀上还有许多有趣的斑纹，如 1977 年美国发行的蝴蝶邮票中，有一枚为狗脸粉蝶，这个滑稽的名字来自其前翅的花纹（图 4.38）。又如 1979 年巴西发行的蝴蝶邮票中，有一只 88 涡蛱蝶（图 4.39），它的翅膀犹如编了号码似的。

　　蝶蛾翅膀上的鳞片一旦脱落干净，也会变成翅脉显明的膜翅。但是，1991 年萨摩亚发行的天蛾邮票中，透翅天蛾的翅膀并非生来就没有鳞片，而是在羽化之后将鳞片抖掉了（图 4.40）。而 1971 年巴西发行的邮票中，有一只同样天生就翅膀透明的玫瑰晶眼蝶（图 4.41），它在天敌眼前有隐身效果。

　　许多直翅目昆虫的前翅还有发声的功能。1999 年美国发行的昆虫和蜘蛛邮票中，美洲大螽斯邮票的反面用文字说明这种螽斯善于鸣叫，发声器着生在其前翅翅脉内侧的音锉上，当另一只翅膀边缘的"刮器"来摩擦音锉的时候，便能发出声音，并由神经来调制"旋律"（图 4.42）。

　　龙虱的前翅盖在凹陷的腹部上，形成了一个密封的气室，当它潜水时，它就是氧气瓶，可以直接向许多气门供气；排放的气体则在翅的后端形成气泡，释入水中。2007 年列支敦士登邮票上的黄缘龙虱，尾端正在释放气泡（图 4.43）。

双翅目昆虫在进化过程中很会打破传统，在 30 个目的昆虫中，只有它敢于放弃一对后翅。2002 年斯洛文尼亚的毛蚊化石邮票中，可以看出 7 000 万年前的翅膀与现在毛蚊的翅膀已经十分相似了（图 3.13）。双翅昆虫比四翅昆虫有更高的振翅频率和更快的飞行速度。1973 年卢旺达发行的昆虫邮票上，有 3 只黑翅斑蝇，它们的后翅都变成了平衡棒（图 4.44）。

在各目昆虫中几乎都有少数无翅种类，在直翅目中最为常见。如 1965 年伊夫尼邮票上的血色螽（图 4.45），1984 年福克兰群岛邮票上的福克兰驼螽（图 4.46）。很多无翅昆虫都生活在多强风的地方，例如极地、岛屿或高山之巅。

4．多功能的足

昆虫的六只足着生在胸部，数量是节肢动物中最少的，但行动更为利索。"步行虫"是步甲的俗名，快速行走是它们的共同特点。2003 年俄罗斯发行的一套步甲邮票，步甲们

图 4.44

图 4.45

图 4.46

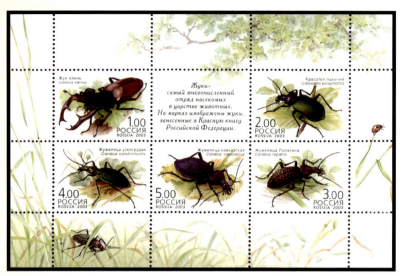

图 4.47

正在边行进边搜索，边纸上的一只小瓢虫爬得也很利索（图 4.47）。它们之所以需要快速行走，都是为了抓捕猎物。

　　蝴蝶以飞为主，它的足仅用来休息和慢走，只有在诗人吉卜龄的笔下，才有《跺脚的蝴蝶》，它能用足摧毁一座王宫，当然这只是童话而已（图 4.48）。实际上，许多昆虫的足肌纤弱毫无力气。1996 年贝宁发行的蝴蝶小型张中，蛱蝶的前足已经退化（图 4.49），和它一样不要前足的还有斑蝶和眼蝶等，但它们都能正常生活。

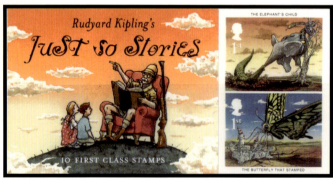

图 4.48

图 4.49

六足和四足相比，更具有变异和特化的潜力。1965 年西属撒哈拉邮票上的螳螂（图 4.50），前足变成捕捉足，平时好像在作揖祈祷，但到"出手"的时候，能在 5 ms 内快速完成抓捕动作。蝼蛄的开掘足，像两把大铲，开掘隧道的效率很高，好像一部小小的盾构机（图 4.51）。

图 4.50

图 4.51

有些甲虫的前足，腿节、胫节或跗节变得特别长，它们的功能显然不是步行，而是夹持或做其他用途，如格林纳达格林纳丁斯的彩虹长臂天牛（图 4.52）、厄瓜多尔的长胫金龟（图 4.53）以及泰国的派瑞长臂金龟（图 4.54）。有报道说，雄性长臂金龟用它的"长手"伸到又窄又深的树洞里去挑逗异性，雌性则会欣然同意，走出"闺房"示爱。这种求偶方式揭示了甲虫超长足的特殊功能。

图 4.52

直翅目昆虫的后足十分发达，善于跳跃。如 1986 年喀麦隆邮票上的蝗虫（图 4.55）。直翅目昆虫的前足胫节上端稍粗的地方，还生着两只"耳朵"，具有听觉功能。蜜蜂的后足变成携粉足，像篮子一样承接花粉，胫节凹陷，两边有弯曲的长刚毛，形成一个花粉筐，能将花粉收集成花粉球（图 4.56）。

图 4.53

图 4.54

图 4.55

图 4.56

图 4.58

图 4.59

图 4.57

美国 1999 年昆虫邮票中的黄斑龙虱（图 4.57），后足扁平而且有长长的刚毛，形状和功能都与船桨相似，有利于快速捕捉猎物和逃离险境，被称作游泳足。1999 年波兰发行的水生昆虫邮票中，划蝽伸展六足的姿态，就像河中赛艇在划桨（图 4.58）。

2013 年波兰昆虫邮票中有只水黾，由于它的足密生细毛并富油脂，因此能利用水的表面张力在水上行走（图 4.59）。

5. 腹部附肢的特化

许多原始的节肢动物在腹部都有附肢，如蜈蚣、马陆，甚至虾都有腹部附肢。昆虫早期的快速演化，已经把腹部附肢摈弃了，只有在胚后发育阶段，才能见到腹足。1993 年瑞典发行的蝴蝶小本票封面上，就可以看到金凤蝶幼虫的腹足（图 4.60）。当幼虫化蛹再变成成虫之后，保留下来的只是一些外生殖器，

图 4.60

如 1989 年越南发行的蝴蝶小型张边纸上，抱握器是附肢演化来的（图 4.61）。又如蟋蟀（图 4.62）的产卵器也是附肢演化来的。最令人不可思议的是，姬蜂腹部末端的细长产卵器原来也是附肢，很多茧蜂的产卵器远远超过它的体长，可以伸进植物组织，寻找寄主产卵（图 4.63）。在膜翅目昆虫中，一些无生殖能力的工蜂产卵器还能进一步特化成蜇刺。蜻蜓腹部的抱握器（图 4.64），也是由附肢演化来的。

图 4.61

图 4.63

图 4.62

图 4.64

举纲张目说昆虫

蝴蝶在飞舞，知了在鸣叫，一只蜘蛛在草丛中搜索，各种各样的虾儿在池塘里嬉戏，这是一首美妙的田园序曲。在它们中间，数量最庞大、种类最丰富、表演最精彩的总是昆虫。分类学家根据昆虫的形态特征、发育形式和生活习性，将昆虫纲分成 30 目，绝大多数"目"进入了方寸天地。在纯昆虫邮票上，每种昆虫基本上都有拉丁学名，明确了它们的分类地位，便于我们去比较和研究，也大大方便了昆虫邮票爱好者。下面我们在方寸天地，按目按科来接触昆虫和认识昆虫。

1. 衣鱼目

衣鱼目是较原始的小型无翅昆虫，以其腹部末端具有缨状尾须和中尾丝而得名，俗称衣鱼、家衣鱼、银鱼。到目前为止，衣鱼目分为 5 科约 370 种。衣鱼为表变态，幼虫变成虫需要至少 4 个月的时间，有时发育期会长达 3 年。衣鱼喜温暖的环境，多数夜出活动，广泛分布于世界各地，生境大致可以分为 3 种类型：第一，潮湿阴暗的土壤、朽木、枯枝落叶、树皮树洞、砖石等缝隙；第二，室内的衣服、纸张、书画、谷物以及衣橱等日用品之间；第三，蚂蚁和白蚁的巢穴中。大多数以生境所具有的食物为食，主要喜好碳水化合物类食物，也取食蛋白性食物，室内种类可危害书籍、衣服，食糨糊、胶质等。迄今，全世界只有肯尼亚在 2011 年发行了一枚衣鱼邮票（图 5.1），该邮票属于为纪念肯尼亚昆虫生理生态研究所成立 40 周年发行的 5 枚大版票（每版含 25 枚图案不同的昆虫邮票）中的一枚。

2. 蜉蝣目

蜉蝣是世界上最原始的有翅昆虫，在现存昆虫中，唯有它在成虫期还会蜕皮。蜉蝣目有 23 科 2 300 余种。蜉蝣成虫不取食，寿命很短。李时珍在《本草纲目》中写道："蜉，水虫也，朝生暮死。"成虫离开水面，在拂晓和黄昏进行群飞和交配，雌性在水中产卵。水中生活的稚虫是鱼类的重要食料。成虫在水面飞行，也会被鱼吞食。1982 年英国为纪念著名作家、《钓鱼的名手》作者沃尔顿逝世 300 周年发行了一套鱼类邮票，其中绘有一只正被鳟鱼捕食的蜉蝣（图 5.2）。钓鱼用的"假蝇"，大多模拟蜉蝣（图 5.3）。近年来，不少地方环境污染，水质恶化，蜉蝣的种类不断减少。1991 年南斯拉夫发行的邮票中，有一枚为褶缘蜉蝣（图 5.4）。波兰和丹麦先后在 1999 年和 2003 年发行过水生昆虫邮票，其中有东欧蜉蝣（图 5.5）和北欧蜉蝣（图 5.6）两种，波兰邮票同时画出了蜉蝣稚虫的形态。

图 5.1

图 5.2

图 5.3

图 5.4

图 5.5

图 5.6

图 5.7

图 5.8

图 5.9

图 5.10

3. 蜻蜓目

蜻蜓是一类古老的有翅昆虫，起源于3亿多年前的泥盆纪。全目29科6 500余种，主要包括蜻蜓和豆娘两类。都属不完全变态。它们的翅膀只能扇动，不能折叠。比利时动物学家德塞利斯（M. E. de Selys）早年对蜻蜓进行了很多研究（图5.7），曾发表过最早的有关北京蜻蜓分类的论文。

差翅亚目蜻蜓大多分布在气候温暖湿润的区域，以东南亚的种类最为丰富。头呈圆形，两只由18 000个小眼聚集起来的复眼，距离很近，几乎覆盖了整个头部。复眼为蜻蜓造就了非常发达的视觉。"小荷才露尖尖角，早有蜻蜓立上头"，蜻蜓的"立"，是四翅平展、临风而立。波兰1988年发行的蜻蜓邮票中，一只刚刚羽化的绿蜓，翅膀已经舒展，它要休息片刻，待翅脉硬化，才能凌空飞翔（图5.8）。蜻蜓起飞迅速，每秒能飞几十米。飞行时前后翅能单独拍动，动作十分灵活。在着陆之前将四翅稍稍合拢，就能产生减速刹车的效果（图5.9）。蜻蜓成虫活动在池塘或溪流边，雄蜻蜓有守卫领地的习性，发现有雄性入侵，就会立即上前驱赶；若有雌性到来，便会飞去求爱。稚虫又称水虿，生活在水中，口器特化成善于捕食的"脸盖"，以小型水生动物为食料。1999年波兰邮票中的帝王伟蜓，身下就是它的稚虫（图5.10）。

至今，世界各地发行了 200 余种纯蜻蜓邮票，并且很多成套发行。芬兰在 1954 年发行的防痨附捐票的昆虫邮票中，其中一枚为峻蜓（图 5.11）。2000 年马来西亚发行了一组 25 枚的小全张（图 5.12）和 10 枚的小本票，记录了 26 种蜻蜓，4 种有雄雌两性形态以及交配的姿态。我国在 1992 年发行的天敌昆虫

图 5.11

图 5.12

图 5.13

图 5.14

图 5.15

图 5.16

邮票中，有一枚是半黄赤蜻（图5.13），我国江西、福建、陕西、山西都有分布。2000年中国香港发行了一套4枚的昆虫邮票，其中有一只黄点大蜻（图5.14），栖息在八仙岭林间清澈的溪流中，静静地在那里生活了几千万年，现在数量已经日渐稀少。中国台湾在2000—2006年，连续发行了溪流蜻蜓、池塘蜻蜓和稻田蜻蜓3个系列，记录了12种蜻蜓，其中有台湾地区最大的施氏圆臀大蜓（图5.15）和色彩最丰富的斑丽翅蜻（图5.16）。人们常用"蜻蜓点水"来比喻做事肤浅不深入，其实"点水"只是蜻蜓产卵的一个最常见的类型，马达加斯加2019年发行的《达尔文进化论》160周年邮票小型张一组4枚，其左上部一只伟蜓将腹部伸入水中，正在水中植物茎上产卵（图5.17）。

束翅亚目的豆娘又叫螅。个体比蜻蜓细小，头宽而扁，两只复眼相距较远，前后翅大小

图 5.17

相似，停息时四翅竖在背上。平时静候猎物来临，一旦发现目标，就会突然出击。豆娘邮票中有阔翅豆娘和狭翅豆娘，前者翅形从基部开始，逐渐加宽，稚虫常在流速很快的水域中捕食，如1951年瑞士发行的艳丽色螅邮票中（图5.18），有10多个国家或地区发行过它的邮票。后者身体特别细长，翅膀狭窄，停息时四翅平行贴在体躯上。如1985年新加坡发行的马来黄螅邮票（图5.19）。又如奥尔德尼岛发行的邮票上的雅度螅（图5.20），成虫在水中植物茎干上产卵，稚虫在水生植物上捕捉猎物。

图 5.18

图 5.19

图 5.20

图 5.21

　　豆娘和蜻蜓之间有一个过渡类型，称为昔蜓。它的形状像蜻蜓，静息的姿态酷似豆娘。少数现存种类普遍被认为是"活着的化石"。仅见于喜马拉雅山南麓少数地方和东北亚的山谷溪流中，如邮票上的日昔蜓（图5.21），是日本特有的种类。

4．襀翅目

　　襀翅虫即石蝇，全目15科3 400余种。不完全变态。体软，略扁而长，有两对翅，飞行力弱。成虫有长长的丝状触角，腹部末端有一对细长的尾须。成虫口器很不发达，一般只饮水不取食，少数种类取食地衣或花粉。雌虫将卵产在水中。稚虫生活在水中，胸部有束状气管鳃。常常躲在溪中石块下，以植物碎片或小型水生生物为食物，因此能净化溪流水质。气管鳃除了用来呼吸，还能富集水中离子，因此水中稚虫的多少，是判断水中含氧量和污染程度的一个指标。

石蝇遍布世界各地，甚至在雪山上也能见到。1999 年波兰发行的水生昆虫邮票中，有一枚欧洲石蝇，在方寸中间还有展翅的成虫和稚虫（图 5.22）。这种石蝇体形较大，分布在南欧和中欧气候温和的地方，完成一代的生活周期长达 3 年。

5. 蜚蠊目

蜚蠊俗称蟑螂，也是一类古老的昆虫，在石炭纪由古网翅类演化而来。蜚蠊目现存 6 科 4 300 余种。多数有翅，少数无翅。主要分布在热带和温热带地区。其头部隐缩在前胸下，皮质前翅覆盖着膜质后翅。身体扁平，善于在缝隙中隐蔽。飞翔力较弱，但爬行极为迅捷，反应灵敏。腹部末端的尾须上，集中了大量感觉毛，只要周围略有动静，或受到光的刺激，就会闻风而动，逃之夭夭。它的食物种类极多，腐烂食品和动物粪便都能让它饱餐一顿，因此也是传病媒介。

蜚蠊邮票非常少。1978 年第一枚由赤道几内亚发行，图为德国小蠊（图5.23），但这套票未被吉本斯等邮票目录所收录。小蠊个体小，易于藏匿，繁殖快，扩散范围大，在住宅、车船、仓库和宾馆里都容易滋生。1997 年不丹发行的一套 25 枚的昆虫与节肢动物小版张中，有一枚图案为蜚蠊科的种类（图 5.24）。1998 年卡塔尔发行的一套昆虫小全张，有一枚为美洲大蠊（图

图 5.22

图 5.23

图 5.24

图 5.25　　　　　　　　　　　　　图 5.26　　　　　　　　　　图 5.27

5.25）；2000 年图瓦卢发行的昆虫票中，内有南洋大蠊（图 5.26）。大蠊个体大，是常用的试验昆虫。无翅的蜚蠊，形似龟鳖，故称鳖蠊。我国的传统药材地鳖虫，就是其中的一类。2004 年南非发行的桌山生态自贴小型张中，有一种桌子山鳖蠊雌成虫，伴着 6～7 头若虫。此虫大多生活在石块下，有群居性，受惊时会从气门喷气，并发出"吱吱"的响声。邮票背面有英文说明，写着邮票编者、单位，还提供了参考文献（图 5.27）。

6．等翅目

　　白蚁又称螱，由于前后翅形质相同而被称为等翅目，有 7 科 3 000 余种。根据现代昆虫分类学的研究，等翅目应归入蜚蠊目，成为其中的一部分。通俗来说，白蚁就是一群特化的社会性蟑螂。本书依照传统习惯，依旧单独将其列为等翅目。白蚁多分布于热带和亚热带地区，属不完全变态，营社会性生活。群体中有负责生殖的蚁后和雄蚁，无生殖力的工蚁和兵蚁。多数种类生活在土内或建筑物内部，极少外露。居住在巢内的个体都没有翅膀，只有每年婚飞的时候，才能看到它们有翅的繁殖个体，一旦交配结束，翅膀便纷纷落地。白蚁在地面构筑塔状或伞状蚁巢，统称为蚁塔或蚁丘。塔下构建庞大、复杂的蚁宫。蚁塔高数米，最高可达 7 m，建筑牢固，雄伟壮观，在非洲和澳大利亚稀树草原上，是一道独特的风景线。蚁塔的内部结构非常科学，有很多功能不同的居室，还有巨大的风道构成的通风系统，使巢内能通风换气，保持适宜的温度。受孕的蚁后回到巢内，便不停地产卵，可以连续数年。白蚁以取食干燥或腐烂

图 5.28

图 5.30

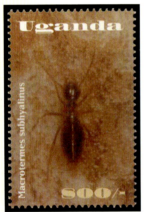

图 5.29

图 5.31

图 5.32

木材为生，因而对建筑物、堤坝或家具的破坏性很大，成为城市、家庭和水利设施的巨大威胁。

　　白蚁邮票并不多见，1981年上沃尔特发行的昆虫邮票中，有一枚是白蚁。图中两只头部很大、上颚发达的兵蚁正在蚁巢外搜索、巡逻，另一只上颚不明显的是工蚁（图5.28）。1993年乌干达发行的昆虫邮票中，有一枚是一只大白蚁的工蚁（图5.29）。

　　有关蚁塔的邮票也很少见，早期有1932年索马里发行的3枚同图普票，图中有约一人半高的蚁塔（图5.30）。1991年加蓬发行了一套4枚的白蚁巢邮票，内有4种形式的蚁塔，分属4个种。像塔一样高耸的蚁巢，高达数米，蔚为壮观（图5.31）。在多雨地区还有一种蚁巢挂在树上，更能防水淹和天敌进攻（图5.32）。

7. 螳螂目

螳螂在西方有很多滑稽的名称,如预言家(Sooth-sagers)、祈祷螂(Poaging mantids)和乞丐(Mendicant)等,都是民间根据它们经常举起前足的姿态而想象出来的,这种作揖的模样,更像拳击手准备出手的姿态,也是螳螂随时准备抓取猎物的狠招。已发现和定名的螳螂目有8科2000余种。根据外部形态,邮票上出现的多为普通螳螂、花螳螂和锥角螳螂3类。

螳螂属不完全变态,若虫的形态和习性与成虫基本相似,只是翅膀没有充分发育。成虫头部有巨大的复眼,而且能灵活转动,因此它的视角是全方位的。前翅皮质,后翅膜质,展开时如仙女舞裙,但很少飞翔。人们心目中雌螳螂生性凶残,常常在交配时吃掉"丈夫",但并非个个如此。之所以会有这种"杀夫"行为,一般是雌螳螂为了解饿和怀卵需要补充蛋白质。根据科学分析,雌性螳螂身强力壮,吃掉"丈夫"的脑袋,即去掉了它的神经抑制中心,交配会进行得更加顺利。当然雄螳螂并非心甘情愿"殉情",它们个体较小,在交配时总是一副"小心胆怯"的样子。献出生命的雄螳螂,为下一代作了"贡献",而雌螳螂竭尽全力产卵后,生命也走到了终点。

图 5.33

世界各国的纯螳螂邮票已不下50枚,最早是由智利在1948年发行的(图5.33)。20世纪80—90年代,在国外发行的邮票上多属薄翅螳螂,如卡塔尔(图5.34)和多米尼克(图5.35)等。我国1992年发行的昆虫邮票中,有一只常见的中华大刀螂(图5.36)。巴西发行过另一种祖螳螂的邮票,

图 5.34

图 5.35

图 5.36

图 5.37

图 5.38

图 5.39

图 5.40

它们的形状虽有些特殊，但仍属螳螂科（图 5.37）。1995 年伯利兹发行的昆虫邮票中，有一种叶颈螳螂，前胸两侧扩展成绿叶状（图 5.38）。这种螳螂前足十分有力，甚至能捕食小型青蛙和蜥蜴。

图 5.41

俗语说："螳螂捕蝉，黄雀在后。"对待黄雀的威胁，螳螂不仅有保护色，也有警戒色，津巴布韦的眼斑螳螂在遇惊时会突然展开翅膀，亮出眼斑，就能吓退小鸟（图 5.39）。2003 年索马里发行的一套 3 枚花螳螂票中，设计师通过艺术夸张，让螳螂摆出跳舞的姿态，给人以滑稽可爱的形象（图 5.40）。2002 年加纳发行的昆虫邮票中，可以见到刺花螳螂的若虫（图 5.41）。花螳螂大

图 5.42 图 5.43 图 5.44

多隐蔽在花丛里，属伏击型螳螂，不见猎物不会舞动大刀。

1981 年土耳其发行过发锥角螳螂邮票（图 5.42），1987 年西南非洲邮票上的卡锥角螳螂头顶尖突，触角呈梳栉状，六足十分纤细，唯有镰刀状前足胫节粗壮有力（图 5.43）。

1999 年巴基斯坦为纪念阿夫扎尔·卡德里（Afzal Qadri）发行的邮票，他曾经留学剑桥大学，因引进新概念研究螳螂和蝗虫的形态学，在巴基斯坦作出特殊贡献而荣获总统奖（图 5.44）。

8. 蛩蠊目

蛩蠊目昆虫因为既像蟋蟀（蛩），又像蜚蠊而得名。最早是 1906 年在加拿大的落基山脉发现的，并将它作为直翅目的一员。后来才独立成目。在此后 80 多年的时间里，一直是昆虫纲中最晚发现的一个目，这种局面到 2001 年才发生变化。迄今为止，全球发现的蛩蠊只有 1 科 32 种。1986 年，中国科学院动物研究所王书永研究员在长白山初次发现我国分布的蛩蠊，并将其命名为中华蛩蠊。蛩蠊成虫无翅，体长 13 ~ 30 mm。头部发达，有一对长长的尾须。不完全变态，7 ~ 8 年才能完成一个世代。生活在

图 5.45

1 500 ~ 6 500 m 高寒地区的石块下或溶洞内，长白山发现地即为海拔 2 000 m 的苔原地带，年均温在 0 ℃以下。截至目前，还没有任何国家邮政发行过蛩蠊的邮票。仅 2008 年有少量美国个性化网络邮票，以中华蛩蠊（图 5.45）作为图案。

9. 螳䗛目

螳䗛是一种既像螳螂又像竹节虫的古老昆虫，21世纪初在纳米比亚被发现，2001年建立新目。当时昆虫学家极为兴奋，因为距离蛩蠊目的建立已经相隔87年了！螳䗛目前已发现4科18种。2003年纳米比亚发行了一套重大生物新发现邮票，其中一枚就是螳䗛。它的发现曾经震动全世界，为此发行邮票，在昆虫学上和邮票发行史上也属罕见。最先发现螳䗛的人是丹麦哥本哈根大学研究生索普，他在研究竹节虫的过程中，发现琥珀中有一种叫"角力士"（gladiator）的怪虫，说它怪是因为它的前足呈镰刀状，很像螳螂，但它的前胸小，有能捕食昆虫的镰刀状中足，又不像螳螂；另一方面，它体形细长，翅膀退化，则像竹节虫。卵产在卵囊中，又不像竹节虫。纳米比亚国家博物馆馆长尤金·马雷引导索普和考察队，在纳米比亚布兰德山采到了这种神奇的"角力士"，因为它兼有螳螂和竹节虫（䗛）的特点，因此称为螳䗛目，是一个独立的新目。实际上多年前在波罗的海沿岸已经发现过带有史前螳䗛标本的琥珀，说明螳䗛在地球上至少已有4500万年的历史了。昆虫学家认为，"发现螳䗛可以和发现活体乳齿象或剑齿象相媲美。说明在地球上一些封闭的地区，

图 5.46

还保存着数千万年前就一直存在的古老生命"。螳䗛的个体较小，有的长20～30 mm。大多生活在山区草地上的石块下，以捕食飞虱和叶蝉一类小型昆虫为生，有时也会自相残杀。纳米比亚邮票上的螳䗛，就是最早发现的"角力士"，中文称其为丰暴螳䗛（图5.46）。我国2008年7月报道，在内蒙古发现了侏罗纪的螳䗛化石。与此同时，在南非召开了第23届国际昆虫学大会，南非邮政部门为大会发行了当地特有的罗森南风螳䗛邮票（图5.47）和邮资明信片各1枚。

图 5.47

10．竹节虫目

竹节虫又称为䗛，英文称作"stick insects（行走的树枝）"或"leaf insects（叶子虫）"，全目已知有13科3 000余种。多数分布在热带或亚热带地区，在我国南方的很多山区，经常能见到它们。大多数种类细长如竹枝，伸展的细足更像细枝条。身体最长的竹节虫可达640 mm。有的前翅退化，后翅能飞；有的四翅退化。有的竹节虫身体较扁，连同前翅，就像一片大叶子，足像小叶子。体色或绿或枯，随环境而变，因此俗称叶子虫。叶子虫雌虫后翅退化无飞行能力；雄虫能凭借发达的后翅飞翔。许多竹节虫在东南亚岛屿之间飞来飞去，当地原居民称它们为上帝的"坐骑（god horse）"；很多种类的雌虫，单身只影也能生育。竹节虫取食植物，一般为害不大。各种竹节虫白天很少活动，或只作非常缓慢的行动；有时还模仿枝条，随风摆动。

1997年中国台湾发行的昆虫票中，有一枚为津田氏大头竹节虫（图5.48）。1999年多米尼加发行过竹节虫的邮票（图5.49）。叶子虫的种类较少，1990年朝鲜发行过东方叶䗛的邮票（图5.50）。2006年斐济发行了世界上第一套竹节虫邮票，全套4枚，其中除斐济叶䗛（图5.51）外，还有优巨竹节虫（图5.52）、斐济竹节虫（图5.53）等。

图 5.48

图 5.49

图 5.50

图 5.51

图 5.52

图 5.53

11. 缺翅目

缺翅目昆虫统称为缺翅虫，全球仅1科29种，20世纪初才被发现。它是一类古老而高度特化的类群，原本生活在大洋洲，后随大洋洲板块、印度板块和欧亚板块的漂移合并，才落户雅鲁藏布大峡谷的特殊环境中残存下来。分布

图 5.54

于热带和亚热带的阔叶林内。它们并非真正缺翅，原先有翅个体在迁移到新的居住地后，翅膀就会自动脱落。个体很小，体长2 mm左右，因此很难引起人们的注意。中国科学院动物研究所黄复生研究员20世纪70年代在西藏科学考察时发现两种缺翅虫，生活在西藏墨脱、察隅一带常绿阔叶林中，常常栖息在倒木的树皮下。发现的多为无翅型。

2008年美国个性化网络邮票中，可以见到黄复生1973年定名的中华缺翅虫的无翅成虫（图5.54）。

12. 直翅目

蝗虫、螽斯、蟋蟀和蝼蛄，都是直翅目中的主要成员。直翅目有56科18 000余种，它们的共同特点是有发达的咀嚼式口器，以植物为主食。前翅皮质，坚韧；后翅膜质，宽大而且可以折叠，平时像折扇一样，折叠在前翅下，飞行时可迅速展开，具有极强的飞行能力。除了蝼蛄，直翅目昆虫都有发达的跳跃足。蝗虫的触角短，产卵器不明显；螽斯和蟋蟀触角长，而且有明显的产

图 5.55

卵器，翅上有音锉，能发出响亮的鸣叫声。

蝗虫种类繁多，民间统称蚂蚱，是老少皆知的农业害虫。许多南部非洲国家，如阿法尔和伊萨斯、津巴布韦、斯威士兰等都发行过蝗虫专题邮票，各国发行的蝗虫邮票已经接近百枚，包含很多种类，如2001年南斯拉夫邮票中，有一种小锥头蝗，体呈菱形，头部很尖（图5.55）。又如1989年赞比亚邮票中色彩鲜艳的艳癞

图 5.56

图 5.57

图 5.58

图 5.59

图 5.60

图 5.61

蝗（图 5.56）。腺蝗是蝗虫类中最美丽的种类，它取食有毒的植物，并将毒素贮藏在体内，当遭遇天敌时，能立即放出臭气，吓退敌人，连鸟儿也敬而远之。如澳大利亚邮票上的丽腹腺蝗（图 5.57）。而安哥拉则发行过臭腹腺蝗邮票（图 5.58）。2021 年我国发行的"科技创新"系列邮票中包括 1 枚蝗虫邮票（图 5.59），通过中国科学院动物研究所康乐院士团队的研究成果，揭示了蝗虫聚集成灾的奥秘。

蠡斯包括我们熟悉的蝈蝈，是直翅目的另一大类。最早的蠡斯邮票是 1954 年由南斯拉夫发行的 12 枚《动物》邮票中的一枚，即一只圆头拱背的雌性黑蠡（图 5.60）。1977 年新喀里多尼亚发行的邮票中，有一只帝王蠡，色彩似翡翠，十分美丽（图 5.61）。1985 年英国为纪念昆虫学会加入皇家学会 100 周年发行的昆虫邮票，其中一枚是当地珍稀的食瘿蠡（图 5.62）。1988

图 5.62

图 5.63

年斯威士兰发行的昆虫邮票中，有一只扎巴蠡斯，邮票的构图比较别致，在草丛中正面直视蠡斯头部，姿态雄壮威武（图 5.63）。1992 年多米尼克为纪念哥伦布发现新大陆 500 周年，发行了动物邮票，小型张中是一只褐巨蠡，这是美洲最大的蠡斯。雌性前翅长达 660 ~ 700 mm，产卵器像弯刀，长 240 ~ 260 mm（图 5.64）；1997 年中国台湾发行了兰屿大叶蠡（图 5.65）。这类蠡斯个体巨大，浑身全绿。有不少蠡斯是农业害虫，如 2001 年纳米比亚发行的中部高原邮票中，披甲硕蠡是当地粮食作物珍珠粟的大害虫，造成的谷物损失率达 30% ~ 50%（图 5.66）。

蟋蟀俗称蛐蛐或促织，1993 年朝鲜发行的邮票中，描绘了一只雌性欧洲田蟋（图 5.67）。1988 年阿森松发行的蟋蟀票中，为一只双斑蟋蟀（图 5.68）。

图 5.64

图 5.65

图 5.66

图 5.67

图 5.68

图 5.69

图 5.71

图 5.70

1993 年埃塞俄比亚发行了 1 枚翅脉和音锉突起非常明显的黄同蟋邮票（图 5.69）。此外，1986 年尼日利亚发行过的昆虫小全张边纸上，一只蟋蟀在土中产下了一堆卵粒（图 5.70）。

蝼蛄是直翅目中比较特殊的一类，它喜欢在松软的沙土中开掘隧道，筑窝产卵。一生都在土中度过，只在晚上会短时间爬出地面，还喜欢扑灯，也会发出沉闷的鸣声。1998 年英国发行了一套 4 枚的保护濒危动物邮票，一只欧洲蝼蛄（图 5.71）赫然列入其中，缘于农业生产条件的变化和过去防治得力，昔日视为害虫的蝼蛄，在英伦三岛上已难见踪影了。

13. 革翅目

革翅目昆虫统称蠼螋。全目有 11 科 1 800 余种。前翅革质，短而硬，盖住折叠的扇形膜质后翅，腹部能弯曲和伸缩。腹部末端有一对尾铗，雌性是直的，雄性大而弯曲。不完全变态。雌虫将卵产在土中，并一直守护到它们孵化，

图 5.72

图 5.73

图 5.74

有的雌虫还会用饲料喂养初孵若虫。大多分布在温暖潮湿的地区。

已发行的蠼螋邮票不足 10 枚，大多数是非洲国家发行的。1997 年卡塔尔发行的昆虫邮票中，有一只岸螋（图 5.72）。

1982 年圣赫勒拿发行了一枚雄性圣赫勒拿大螋邮票（图 5.73）。此后又发行了一小型张，边纸上有详细文字说明。这种世界上最大的蠼螋，体长 78 mm，只产于圣赫勒拿西北平原上，终生住在洞穴中，通常只有在雨季的晚上出来活动。圣赫勒拿大螋长期受到伦敦的节肢动物保育中心的关注，从边纸右上角可以看到，该中心的标识就是圣赫勒拿大螋（图 5.74）。1798 年圣赫勒拿大螋首次被发现，自 1965 年开始，人们就再也没有发现过它的踪迹。2014 年世界自然保护联盟（International Union for Conservation of Nature，IUCN）红色名录正式把圣赫勒拿大螋的保护状态从极危（Critically Endangered，CR）调整到了灭绝（Extinct，EX），从此正式宣布这一巨大的物种从地球上已彻底消失。

14. 啮虫目

啮虫是一类小型昆虫，如居室中常见的书虱。全世界已知45科约5 500种，大多分布在温湿地区，少数生活在寒冷地带。有的有翅，有的无翅或小翅。栖息在树皮和石块下，枯枝落叶间，鸟巢中。以取食地衣、苔藓为生。有群居性，行动敏捷。无翅种类多生活在仓库或住宅内，为害书籍、衣物之类。有的隐匿在草席中咬人，以咀嚼式口器咬人，常常使人感到无故痛痒，原因在于虫体很小，不易觉察。

啮虫的形象仅见于1991年马达加斯加一枚小型张的边纸上，该虫为马达加斯加蜱啮，是马达加斯加的特有种（图5.75）。

图 5.75

15. 虱目

　　虱目是一类无翅寄生昆虫的统称，体腹背扁平，通常小型，长 0.5 ~ 10 mm，白色、黄色、棕色或黑色，视宿主毛色而异，通称虱、虱子或鸟虱。全世界约有 3 000 种，是鸟类和哺乳动物的体外永久性寄生昆虫。虱终生寄生于宿主体表，以宿主血液、毛发、皮屑等为食，有宿主专一性。

　　卵单个或成团，附于毛、羽上，人体虱的卵则产于贴身的衣服上，6 ~ 14 天孵出，不完全变态。若虫形似成虫而小，生活习性亦同，蜕皮数次，8 ~ 16 天后即成成虫。

　　寄生于人体的虱子通常分为头虱和体虱，以及阴虱。目前世界各国均未发行过有虱子形象的邮票。但是，1914—1918 年虱子肆虐于第一次世界大战战场，德国（图 5.76）、法国、美国都发行了多种野战军邮明信片，记录下军人是如何应对大量滋生的虱子的场景。2014 年直布罗陀发行的猕猴邮票中，有两枚展现了当地猕猴相互抓虱子的场景（图 5.77）。

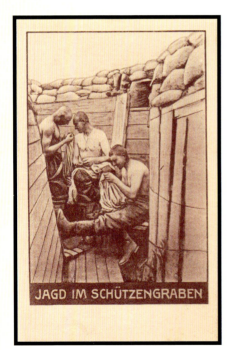

图 5.76a

图 5.76b

图 5.77

72.

16. 半翅目

半翅目包括 4 个亚目：胸喙亚目、头喙亚目、鞘喙亚目、异翅亚目。半翅目昆虫呈世界性分布，以热带、亚热带地区种类最为丰富。目前，世界已知的有 83 000 余种。

渐变态（粉虱和介壳虫雄虫近似完全变态），一生经过卵、若虫、成虫 3 个阶段。卵单产或聚产于土壤、物体表面或插入植物组织中，初孵若虫留在卵壳附近，脱皮后才分散，若虫食性、栖境等与成虫相似，一般 5 龄，一年发生一代或多代，个别种类多年完成一代；许多种类具趋光性。

半翅目昆虫多为植食性，以刺吸式口器吸食多种植物幼枝、嫩茎、嫩叶及果实的汁液，有些种类还可传播植物病害；吸血蝽类为害人体及家禽家畜，并传染疾病；水生种类捕食蝌蚪、其他昆虫、鱼苗等；猎蝽、姬蝽、花蝽等捕食各种害虫及螨类，是多种害虫的重要天敌；有些种类可以分泌蜡、胶，或形成虫瘿，是重要的工业资源昆虫，紫胶、白蜡、五倍子还可药用；蝉的鸣声悦耳动听，蜡蝉、角蝉的形态特异，是人们喜爱的观赏昆虫。

图 5.78

属异翅亚目的椿象是半翅目昆虫的重要类群，不少种类因腹面有臭腺，能释放刺鼻的苯二酮，故有臭蝽或臭虫的别名。全球发行的椿象邮票已超过 50 多枚。1960 年琉球发行的水黾邮资图明信片是最早的椿象邮品（图5.78）。

20 世纪 70 年代以后，椿象邮票逐渐增多，越南曾经发行过整套椿象邮票，如荔枝蝽（图5.79）等。在东南亚有一种酷似人脸的红显蝽，体色随环境而异，淡黄色的虫体，倒着看像日本古代武士；红棕色的虫体，顺着看像红脸关公，因此俗名"人面蝽"，虽是林木害虫，但

图 5.79

图 5.80

图 5.81

图 5.83

图 5.82

图 5.84

很讨人喜欢。帕劳（图 5.80）和泰国等几个国家都发行过人面蝽邮票。常见的蝽还有盾蝽、缘蝽、网蝽、盲蝽、跳蝽、长蝽、奇蝽和红蝽等，在邮票上都可看到。

　　盾蝽的小盾片很大，质地坚硬，几乎盖住整个腹部，而且色彩鲜艳，常常被人误认为甲虫。1963 年葡属几内亚发行的甲虫邮票中，有一枚是几内亚丽盾蝽（图 5.81）。无论自然界，抑或邮票中，它都酷似甲虫。在欧洲、非洲、东南亚和大洋洲各岛国的邮票上，也多有盾蝽形象，如斯威士兰的非洲丽盾蝽（图 5.82），像七彩玛瑙一般耀眼。2002 年瑞士发行的邮票上的赤条蝽（图 5.83），小盾片极大，背上有红黑相间的条纹，颇为秀丽，看上去很像盾蝽，但实际上仍属蝽科。

　　最早的缘蝽见于 1974 年毛里塔尼亚发行的昆虫邮票中的非洲安缘蝽（图 5.84），它有一对腿节膨大的后足，为害咖啡、芝麻等作物。

　　网蝽的翅很宽，布满网状翅脉，使虫体像披上镂花盔甲似的有点怪异，如

1973 年卢旺达邮票中的白网蝽（图 5.85），1998 年阿森松邮票中的马缨丹网蝽（图 5.86）。

有一类个体较小，只有复眼没有单眼的蝽象，称为盲蝽，多数为害作物，少数为取食害虫的天敌。1990 年为纪念卢森堡博物学会创建百年发行了一套纪念邮票，内中有一对食虫盲蝽（图 5.87）。

图 5.85

图 5.86

图 5.87

另一类跳蝽，大多生活在沿海草滩上。如 1983 年圣赫勒拿邮票中的赫勒拿跳蝽（图 5.88）。1972 年法属南方及南极领地发行的一套 6 枚昆虫邮票中，第一枚为南极奇蝽。奇蝽形状很奇特，头部细长，翅膀退化，有蝎蝽一样的捕捉足，善于猎食陆生的小昆虫，而且有很强的耐寒和耐饥力（图 5.89）。

有些体型较大的肉食性蝽象，多数呈暗色，有的色彩鲜艳或具斑纹，有明显的警戒作用。头部向前突出，并有向后弯曲的口针。前足强壮，善于抓捕猎物。在南美有些猎蝽还叮咬人畜，传布锥虫病。如著名的英国昆虫生理学家威格尔·斯沃思常用的试验昆虫，就是产于南美的吸血锥蝽。这种吸血锥蝽还传播睡眠病（图 5.90，蒙古未发行邮票）。猎蝽的种类较多，1965 年费尔南多波首枚椿象邮票中就是一只猎蝽（图 5.91）。1998 年美国发行的昆虫和蜘蛛票中，也有一只阿猎蝽（图 5.92），体色黄褐，形象凶猛，常常伏击一些大昆虫，蜜蜂也不例外。姬猎蝽科中有一些体型较小的捕食者，在新、旧大陆都有分布，捕食对象极广，但不易被人注意。如 1990 年阿根廷邮票中，有一枚斑姬猎蝽（图 5.93），它的体长仅 5 mm，在农田中消灭害虫效能很高，许多鳞翅目幼虫都是它的捕捉对象。

图 5.88

图 5.89

图 5.90

图 5.91

图 5.92

图 5.93

图 5.94　　　　　　　　图 5.95　　　　　　　　图 5.96

图 5.97

　　1993 年朝鲜发行的邮票中，有一种大眼蝉长蝽（图 5.94）。它的虫体较小，也是取食害虫的能手，用口针插入猎物体内，吸取汁液。有些长蝽是植食性的，2000 年菲律宾发行的昆虫邮票中，有一种美洲脊胸长蝽，因取食乳草又名乳草蝽，每年夏秋在加拿大与美国之间来回迁飞，是世界上很有名的远距离迁飞昆虫，学术界常用来研究昆虫季节性迁飞与外界环境和体内激素的关系（图 5.95）。

图 5.98

　　水栖蝽类中有蝎蝽、划蝽、仰泳蝽和水黾等多种，它们在水中以捕食小昆虫为生，有的还能取食鱼苗。蝎蝽个体较大，前足像螳螂，尾部有长长的呼吸管，通过呼吸管从水面上吸入氧气可长时间潜入水中搜索猎物。1978 年科特迪瓦发行的昆虫邮票中，非洲蝎蝽的特征显示得很清晰（图 5.96），1993 年罗马尼亚发行的洞穴昆虫票中，有一只暗居蝎蝽（图 5.97），因长期穴居，视觉已经退化，凭触觉和嗅觉在洞穴中过着暗无天日的生活，能用前足捕捉猎物。1999 年波兰发行的水生昆虫邮票中，有一只划蝽，它的后足是典型的游泳足（图 4.58）。1992 年蒙特塞拉特发行的昆虫邮票，展现了水黾的形象（图 5.98）。

　　胸喙和头喙类昆虫大多数种类都危害农作物，特别是蚜虫、粉虱、叶蝉和飞虱，由于虫体小，繁殖快，还有远距离迁飞扩散的能力，有的通过吸食汁液传播病毒，对农业生产危害巨大。迄今为止，世界各地发行的蝉类邮票有 50 余种，主要属于蝉科和蜡蝉科。

图 5.99

图 5.100

图 5.101

图 5.102

　　蝉俗名知了，这些名字都是由叫声得来的。蝉的叫声在新西兰还成了地名。有个地方蝉很多，毛利人认为蝉的叫声近乎"makikihi"声，就把那个地方称为"Makikihi"（图 5.99）。蝉的腹部有鼓膜发生器，声音由薄膜振动产生，然后通过放大发出响声。法国昆虫学家法布尔在他的《昆虫记》中，对蝉有许多描述。1956 年法国为纪念法布尔逝世 40 周年发行过一枚纪念邮票，身后有一只蝉（图 1.6）。1970 年法国发行的邮票中的红蛾蝉（图 5.100），就是当年法布尔的研究对象。蛾蝉的邮票较为普遍，1986 年日本发行的昆虫系列票中，有一只展翅的花蛾蝉（图 5.101）。1998 年卡塔尔发行的邮票中，不但有姿态"俊俏"的北非蝉成虫，还有形像"龙钟"的若虫（图 5.102）。蝉的若虫在土下寿命可长达 5～10 年，在美国甚至有十三年蝉和十七年蝉（图 5.103）。我国学者称这种大器晚成的蝉为"晚秀蝉"。

图 5.103

蜡蝉有趣的特征是部分种类头部很长，向前突出。许多种类体色都与外界环境相似，停歇时不易暴露。一旦遇到惊扰，就会突然露出后翅上的眼斑，吓退来犯者。如 1987 年巴西发行的邮票上的眼斑蜡蝉（图 5.104），1995 年伯利兹发行的昆虫邮票中的提灯蜡蝉（图 5.105）。2000 年中国香港发行的昆虫邮票中，有一枚为龙眼鸡，又称龙眼蜡蝉（图 5.106）。这种蜡蝉头尖身宽，红黑相间，特征很明显，荔枝是它们的重要寄主。

角蝉的前胸背板突起，奇形怪状。邮票上角蝉数量不多，1978 年科特迪瓦发行的昆虫邮票中，一枚有盾角蝉（图 5.107），前胸背板高高凸起。1999 年几内亚发行的蘑菇和昆虫邮票中，有一只形状更为奇特的角蝉（图 5.108）。中南美洲是全世界角蝉物种最为丰富的地区，不仅数量多，而且长相奇特，2015 年厄瓜多尔发行的一套 5 枚邮票和含有 8 枚邮票的小本票，将这一地

图 5.104

图 5.105

图 5.106

图 5.107

图 5.108

图 5.109a

图 5.109b

区最为奇特的角蝉表现得淋漓尽致（图5.109）。

很多叶蝉因能跳跃而被称为叶跳虫，又因个体很小、数量很多而称浮尘子。1995 年法罗群岛发行了一套 4 枚的叶蝉邮票（图 5.110）。 1962 年古巴发行的圣诞节邮票中，有一只黑条红叶蝉（图 5.111）。

图 5.110

图 5.111

图 5.112

图 5.114

图 5.113

　　沫蝉是一类有趣的昆虫，因其若虫期生活在泡沫中而得名。1983 年土耳其发行的邮票上，有一只间中沫蝉（图 5.112）。1991 年蒙古发行的小型张中，出现的是一只黑红沫蝉（图 5.113）。

　　半翅目中蚜虫也是非常常见的种类，通常有无翅型和有翅型两种不同形态，2007 年冰岛曾发行 1 枚桦树绵斑蚜邮票（图 5.114）。

17. 脉翅目

　　脉翅目有 17 科 6 000 余种，如草蛉、蝶角蛉、蚁蛉、旌蛉、褐蛉和螳蛉等，完全变态，其中草蛉最为常见。

草蛉体嫩绿色，复眼较大，有两对等大的膜质翅，翅脉网状，外缘分叉。停歇时翅呈屋脊状覆在虫体上，如同着婚纱的新娘，楚楚动人。当它们捕获蚜虫之后，便用颚管注入消化酶，将蚜虫消化并吸干，最后留下空壳。成虫夜间活动，有趋光性。它的卵有丝柄。幼虫有一副锋利的镰刀状口器，由上颚和下颚特化而成的空心"颚管"。幼虫取食蚜虫时，十分凶猛，故称为蚜狮。草蛉虽然是脉翅目中最有名的天敌，但邮票相对较少。1992 年中国发行的邮票中为大草蛉，又称七点草蛉（图 5.115），2005 年马耳他发行的邮票中为普通草蛉（图 5.116），2008 年加拿大发行的邮票中有北美大草蛉（图 5.117）。

蝶角蛉体型大，形似蜻蜓，但因触角很像蝴蝶而得名。多在白天活动，部分种类有趋光性。善于在空中追捕猎物。早在 1954 年瑞士发行的儿童福利邮票中，就出现了欧洲蝶角蛉（图 5.118）。在保加利亚、南斯拉夫和塞浦路斯（图 5.119）等发行的邮票上，是一种奥斯曼蝶角蛉。1986 年日本发行的邮票中采用了黄丽斑蝶角蛉 （图 5.120）。

图 5.115

图 5.116

图 5.117

图 5.118

图 5.119

图 5.120

蚁蛉体质柔软，翅多斑纹，形状似豆娘，但多属大型种类。很多种类的幼虫在干旱的砂土中挖漏斗状陷阱，诱捕蚂蚁，因此又称蚁狮。2007 年美国发行的大湖沙丘系列邮票上，陷阱中露出了一对大颚、正在等候落入陷阱的蚂蚁（图 5.121）。1995 年津巴布韦发行的昆虫票中，有一种花斑蚁蛉 （图 5.122）。2004 年泽西岛发行了一张分布很广的欧洲蚁蛉邮票（图5.123）。

旌蛉后翅特化成飘带，看起来像放飞天空的风筝，或像旌旗飘扬，因此被称为旌蛉。成虫以捕食小昆虫为生，卵产在土中，幼虫也生活在土中。化蛹时会结丝茧。1964 年保加利亚、1966 年上沃尔特分别发行了东欧旌蛉（图 5.124）和帝王旌蛉（图5.125）邮票；1965 年伊夫尼发行的邮票中是帝王旌蛉（图 5.126）。

螳蛉很像螳螂，它的前胸高度延长，前足呈镰刀状，捕猎能力很强。卵和草蛉

图 5.121

图 5.122

图 5.123

图 5.124

图 5.125

图 5.126

图 5.127

图 5.128

图 5.129

一样，有一根短柄，幼虫善于捕捉蜘蛛卵囊中的卵粒。1991年奥地利发行的邮资明信片上能看到奥地利螳蛉（图5.127）。

18. 广翅目

鱼蛉和泥蛉属广翅目。全目只有2科300余种。完全变态。其显著特征是体大翅广，幼虫生活在水里。鱼蛉有一副大而锐利的上颚，体型较大，展翅可达150 mm，头部大得很明显。成虫多活动在水边，停息在树干上或石头上，夜间常常聚集在灯下。当你捕捉它时，冷不防会被它锋利的上颚狠狠咬上一口。生在水里的幼虫，腹部有8对气管鳃，多在水底活动，老熟时爬到泥土中或石头下化蛹。在我国西双版纳，傣家人称鱼蛉幼虫为"爬沙虫"，是当地一道风味独特的美食。

1995年伯利兹昆虫邮票中，有一只美洲特有的新齿蛉（图5.128）。1982年叙利亚发行的昆虫邮票中，可以看到一只鱼蛉，但不能确定它的种名（图5.129）。

19. 蛇蛉目

蛇蛉目昆虫较小，而且柔软，体长一般不超过20 mm，头能灵活转动，口器发达，生在头前。前胸背板很长。展翅宽度约20 mm。触角丝状与草蛉很像，但有很长的产卵管。成虫和幼虫都栖息在陆地上，多在松树上活动，捕食小蠹虫等小型昆虫，其动作很像蛇类，先举起头部，慢慢向前移动，发现猎物就迅速伸头进攻，蛇蛉的名称就是这样得来的。幼虫隐居在树皮下。全目仅2科约230种。

图 5.130

世界唯一的蛇蛉邮票是1993年由保加利亚发行的（图5.130）。

20. 鞘翅目

鞘翅目昆虫统称为甲虫，因前翅坚硬如甲而得名，全目有20余总科35万种以上，是昆虫纲中数量最大的类群。它们成功地生活在陆地上的各个角落，湖泊水面和高山雪原都有甲虫分布。它们的形态特征和生活习性千差万别，有植食性、肉食性、腐食性或杂食性等，是生物多样性的典型。有的毁坏林木、农作物，有的捕食害虫，有的喜食粪便或消灭尸体，担当地球"清道夫"。甲虫邮票的数量仅次于蝴蝶邮票，自1948年智利发行的第一枚锹甲邮票问世以来，据不完全统计，在70多年中至少发行了80多套甲虫邮票，平均每年推出一套。已有的甲虫邮票数大约1 000枚。最早发行成套甲虫邮票是葡属几内亚在1953年发行的，全套10枚，其中有一枚为半翅目的盾蝽。因此，纯粹的甲虫套票，当属1962年捷克斯洛伐克发行的6枚雕版邮票，以及同年中非共和国发行的12枚三角形雕版甲虫欠资邮票。单套票数最多的要算1970年布隆迪发行的邮票，全套26枚，大小两种票幅，记录了8种甲虫。甲虫庞大的家族，如此众多的邮票，在这里我们选择介绍几类。

（1）金龟子

金龟子是甲虫的一个大类，已知的有17 000余种。它们是甲虫中最强壮有力的成员之一，其共同特点是触角端部都弯曲并呈鳃片状，体表常有金属亮光。成虫取食植物叶片或树汁。幼虫又叫蛴螬，有发达的胸足，但行走时往往六足朝天，以背上刚毛代足。取食植物的根、腐烂的植物组织或动物粪便。邮票上主要种类有蜣螂、犀金龟、锹甲、臂金龟、鳃金龟和花金龟等。2003年尼加拉瓜发行了金龟子小全张，基本上罗列了上述6个类型（图5.131）。

图 5.131

蜣螂和粪金龟，喜食动物的排泄物，统称屎壳郎，在地球上化解动物的粪便，推动物质的转化和循环，具有非常重要的作用。蜣螂和粪金龟都会将粪粒拉搓成球，并将其藏在土洞中，然后在上面产卵，幼虫便可不劳而获地取得食物。在埃及，法老认为它能转动星球、升华灵魂、带来好运，称它为圣甲虫。20 世纪 70 年代，澳大利亚为了解决当地成灾的牛粪，特地派专家来我国引进

图 5.132

蜣螂的事一直被传为佳话。蜣螂头部铲形，腹部末端外露，触角鳃状；粪金龟腹部末端不外露，触角末端三节呈棒状。很多国家发行过蜣螂和粪金龟的邮票，如 1981 年上沃尔特发行的邮票中，画面为堆粪球的蜣螂（图5.132）。美国 2000 年发行的西部大草原邮票上，一对全身闪耀铜绿色金属光泽的大草原

蜣螂，正在运送已经做好的粪球（图 5.133）。
2003 年哥斯达黎加发行了一套有盲文的双连
票，中间跨票图案是绕地球飞行的宇宙飞船
和航天探测器，左边是七上太空的美国华裔
宇航员张福林，右边是一只以张福林名字命
名的张氏彩虹蜣螂（图 5.134）。

图 5.133

　　犀金龟又称独角仙或大兜虫。雄虫前头
突起像犀牛角，以此作为格斗武器，并在竞
争配偶时与对手较量。幼虫取食腐殖质，陈年的草垛下和草屋上是幼虫生长的
地方。邮票上出现最频繁的是长戟犀金龟，又称长戟大兜虫，翅膀有强烈的金
属光泽，体长和犀角都有 180 mm。多米尼克多次发行它的邮票（图 5.135）。
双叉犀金龟邮票各国也多有发行（图 5.136）。在犀金龟中，除了头部有角，

图 5.134

图 5.135

图 5.136

许多种类胸部有巨大叉状突起，如 2001 年印度尼西亚发行的有高加索南洋犀金龟（图 5.137）。2002 年老挝发行的 5 个角的细角疣犀金龟（图 5.138），都是体长接近 100 mm 的巨型甲虫，当它们的头部和胸部的犄角配合行动时，就形成了一把甚至几把大钳子，在格斗时大显威风。

锹甲是金龟子中大型个体。雄虫上颚像钳子，这些怪异的"装备"和"犀角"一样，都是它们用来格斗的有力武器。在邮票中主要有两类：一类是深山锹甲，在欧洲和亚洲西部分布广泛，1962 年捷克斯洛伐克发行的昆虫邮票中，它的姿态威武潇洒（图 5.139），随后有 10 多个欧洲和亚洲国家发行过这类邮票。欧洲深山锹甲体长 75 mm，容易被捉作为宠物，而且生长期长达 5 ~ 6 年，赖以生存的橡树林日趋减少，昔日常见的甲虫，现已成为珍稀物种。另一类为南美的智利长牙锹甲。1948 年智利发行的大套动植物邮票中有它，1987 年又发行过有这种锹甲的邮票（图 5.140）。锹甲中另有一些种类，如泰国的长颈

图 5.137

图 5.138

图 5.139

图 5.140

图 5.141

图 5.142

图 5.143

图 5.144

图 5.145

鹿锯锹甲（图 5.141）等，也都发行过邮票，在非洲邮票中，能看到的锹甲种类也很丰富，如 1970 年布隆迪发行的邮票上的螃蟹锹甲，体长 60 mm，雌性上颚小，翅鞘上有黑斑，两性差异十分明显（图 5.142）。

1958 年中国台湾发行的邮票上，有一种特有的台湾长臂金龟（图 5.143），日本邮票上为山原长臂金龟（图 5.144）。近年来，由于生态恶化、强烈的趋光性和人为捕捉，这两种长臂金龟的数量非常稀少，因此它们已成为珍稀的保护动物。

1988 年古巴和尼加拉瓜分别发行了成套的金龟子邮票，包含多种丽金龟，如蛙丽金龟（图 5.145）。2003 年洪都拉斯为纪念大西洋银行成立 90 周年发行的甲虫邮票，在一个 20 枚的小版票中，有 16 枚展示了金龟子，主要是丽金龟，体长多为 40 ~ 50 mm，多呈黄色或黄绿色，充满金属光泽，十分亮丽，

图 5.146

图 5.147

如宝石丽金龟等（图 5.146），是迄今为止最大规模的金龟子邮票。

　　花金龟的色彩很鲜艳，多有花斑或金属光泽，亮丽动人。1957 年瑞士在儿童福利邮票中首先推出了一只金匠花金龟（图 5.147）。花金龟中还有不少大型甲虫，如歌利亚大王花金龟，最大长度超过 120 mm，重量接近 100 g，在昆虫纲中是绝对的重量级，从 1955 年多哥（图 5.148）和 1994 年马达加斯加发行的无齿小型张（图 5.149）中可以看到，虫体庞大无比。帝王花金龟及其近缘种类分布在非洲中部 10 多个国家的热带丛林里。成虫在羽化之后，身体变硬变轻，有利于它在树上飞来飞去。喀麦隆、中非、刚果、加蓬、马里、贝宁、布隆迪、赞比亚和科特迪瓦等都发行过这类花金龟邮票，总数超过 20 枚。

　　1982 年法国发行的欠资邮票中，有一只浑身带花斑的法国斑金龟，其体表无光泽（图 5.150，加盖圣皮埃尔和密克隆）。1975 年圣赫勒拿为纪念梅里斯的著作《圣赫勒拿》出版 100 周年发行的邮票中，有一只圣赫勒拿特有的梅氏犀金龟，是以作者名字命名的，这位下岗的工程师、业余博物学家曾经为此感到无比光荣（图 5.151）。

图 5.148

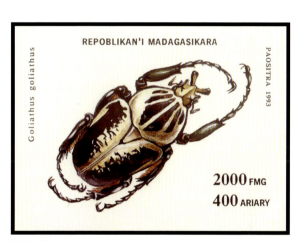

图 5.149

图 5.150

图 5.151

（2）天牛

天牛是体躯细长、两侧平行的甲虫，具有超长的触角。体色变化很多，很多种类具有美丽的花斑。幼虫蛀食树干，破坏性极大，是林木大敌。成虫取食植物叶子，有的还传播线虫病。

1953年葡属几内亚、西属几内亚和瑞士都发行了天牛邮票，它们分别是斑点天牛（图5.152）、紫天牛（图5.153）和环黑翅天牛（图5.154）。中非、莫桑比克、越南等都发行过成套的天牛邮票，反映出热带地区天牛的多样性。如莫桑比克的黄斑蓝天牛（图5.155）和褐纹黄天牛（图5.156）都是宝石一样漂亮的天牛，而且触角特别细长，几乎超过体长的一倍。1991年纽阿福欧发行了一套天牛邮票，本意是反映当地的一种著名的素蜡天牛成虫和钻蛀木材

图 5.152

图 5.153

图 5.154

图 5.155

图 5.156

图 5.157

图 5.158

图 5.159

图 5.160

图 5.161

的幼虫（图 5.157），但邮票设计者参考了错误的资料，竟然画成了加勒比海产的硬木锯天牛（*Mallondon* sp.）。至少 9 个欧洲国家发行过漂亮的蓝丽天牛的邮票。这种天牛蓝色鞘翅上有 6 个黑斑，很受人喜欢（图 5.158）。

有些天牛的触角不但长，而且长有绒毛球，如马来西亚毛簇天牛，分布在东南亚地区，老挝、泰国（图 5.159）和越南都发行过这种天牛的邮票。在老挝邮票上还有另一种木棉天牛，它的触角上有 3 个毛簇（图 5.160）。斐济邮票多次出现过当地特有的大天牛，如 1987 年发行的邮票上的英雄巨天牛（图 5.161），2004 年发行的金色巨天牛小型张中，有研究者手稿和天牛分布地图等。

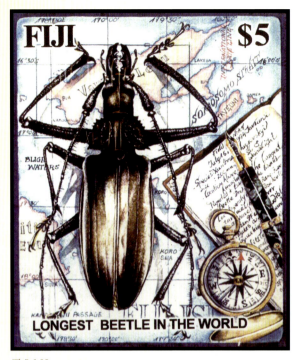

图 5.162

该天牛体长达到 170 mm，是当今甲虫中的最长者（图 5.162）。

在南美生活着一种有巨大上颚的锯天牛，曾出现在 1994 年萨尔瓦多邮票上（图 5.163）；在东北亚有一种大山锯天牛，在 1966 年韩国发行的邮票上能看到（图 5.164）。体长都在 110 mm 以上。1991 年蒙古发行的邮票上，有一种巨齿天牛（图 5.165）。强大的上颚能轻而易举地咬断 20 mm 粗的树枝，并在树干上产卵。巨齿天牛的上颚和锹甲相似，上颚与体等长，可达到 60 mm，其咬人的威力不亚于螃蟹。

图 5.163

图 5.164

（3）叶甲

叶甲又称金花虫，体圆柱形或长圆形，体小或中等，翅鞘有花斑或条纹。触角细长，不弯曲。成虫和幼虫都取食植物，很多是植物大害虫。1953 年葡属几内亚发行的邮票中有形状怪异的扁趾铁甲虫（图 5.166），1961 年荷属新几内亚发行的邮票中，

图 5.165

图 5.166

有一只龟甲（图 5.167），该甲虫体小翅宽，形似龟鳖。
1998 年巴拿马（图 5.168）和 2005 年新喀尔多尼亚（图
5.169）发行了专门的叶甲邮票。1996 年巴布亚新几内
亚发行了 83 岁老人库特设计的最后一套甲虫邮票，内
有色彩非常丰富的艳叶甲和美叶甲（图 5.170）。还有
一类幼虫生活在湿地中的水叶甲，如 1985 年新加坡发
行的邮票中的爪哇水叶甲（图 5.171），它的成虫食叶，幼虫食害水生植物的根。
此外，还有不少取食树叶的害虫，如 1985 葡属亚速尔发行的邮票中的榆叶
甲（图 5.172）。说到害虫，最著名的便是马铃薯叶甲，又称马铃薯甲虫（图

图 5.167

图 5.168

图 5.169

图 5.170

图 5.171

图 5.172

图 5.173

图 5.174

图 5.175

5.173）。

　　豆象和象甲外观相似，但属于叶甲类，许多种类是豆类害虫。1998 年阿森松群岛发行的豆象邮票，图案分别是阿森松豆象（图 5.174）和圃豆象（图 5.175）。

（4）叩头虫和吉丁虫

　　叩头虫又称叩甲。虫体多呈暗褐色，其中有的种类个体较大，形态美丽。2002 年尼维斯发行的昆虫小型张，有一只腹面朝上的叩头虫，正要进行弹跳，只要"噼啪"一声，就能腾空而起，这是它的绝招，叩头虫的名字也由此而来（图 5.176）。最早的叩甲邮票是 1970 年布隆迪发行的，是一种扇角四叶叩甲（图

图 5.176

图 5.177

图 5.178

图 5.179

图 5.180

图 5.181

图 5.182

图 5.183

5.177）。1979 年圣文森特发行的邮票上有胸部能发荧光的夜光叩甲（图 5.178）。

吉丁虫形态和叩头虫很相似，前胸和中胸间无活动的关节，因而不会弹跳。幼虫食树干，是主要的林木害虫。最早吉丁虫邮票是 1964 年西属伊夫尼发行的，图案为幽美吉丁虫（图 5.179）。泰国发行的邮票上则是产于中国以及东南亚的中华吉丁虫（图 5.180），1972 年萨摩亚发行的昆虫邮票中全身闪耀翠绿色金属光泽的长尾吉丁虫（图 5.181）和 1987 年斐济发行的邮票中的黄缘吉丁虫（图 5.182），都是极亮丽的甲虫，全体发出绿、蓝、红等多种金属光泽，翅鞘被用作饰物。吉丁虫对自然条件有极大的适应性，2007 年纳米比亚发行的邮票中，描绘了一种生活在稀树草原上的多刺吉丁虫（图 5.183），它能在极度干旱、缺乏食物的荒漠中生活，和 1987 年南非发行的邮票上的毛土吉丁虫有相似的特性（图 5.184）。

（5）拟步甲

拟步甲的形态很像步甲，但它们后足跗节的节数不同。拟步甲通常体色为暗黑色，喜欢生活在干旱地区，取食干燥的植物或谷物。例如，1964 年匈牙利发行的昆虫邮票中，有一只玉米距拟步甲正在取食小麦穗子（图 5.185）。有的种类取食腐败的食物或动物粪便，如蒙古荒漠中的许多拟步甲。1973 年蒙古曾发行了一套甲虫邮票，有两种属拟步甲，分别为蒙古光甲（图 5.186）和西氏光甲（图 5.187）。2000 年纳米比亚发行的邮票中，有一只饮露甲在沙漠里做倒立动作（图 5.188），这种其貌不扬的小甲虫，生活在西南海边沙漠上，那里雨量稀少，白天骄阳似火，饮露甲躲在洞穴里，晚上海风把水汽送上沙漠，这时候饮露甲就用长长的后足撑起身子，摆出倒立姿势，承接露水，并让其沿着体表微细的刻槽流进嘴里。饮露甲利用这种高超的技巧，解决饮水问

图 5.184

图 5.186

图 5.187

图 5.185

图 5.188

题。1993 年罗马尼亚发行的洞穴昆虫邮票中，有一只穴居拟步甲，它靠高度灵敏的触觉和嗅觉，在暗无天日的洞穴中吃蝙蝠的"残羹剩饭"，甚至靠粪便过日子（图 5.189）。

（6）萤火虫、花萤和红萤

"轻罗小扇扑流萤"，仲秋夜晚，一只只萤火虫在飞动，妇人小孩都在不停地挥着扇子，都想看一下神奇的光是从哪里来的？萤火虫体长约 30 mm，体色暗淡，触角锯齿状。古人不知道其发光器中的萤光素在强烈氧化时能发冷光，作为萤火虫两性间求偶的信号。萤火虫在我国古代还有许多美谈，如车胤"囊萤夜读"。1975 年中国台湾为这一民间故事发行了邮票（图 5.190），之后又发行了一套萤火虫邮票（图 5.191）。萤火虫的冷光能否为人照明，有人提出质疑，但发光器及其机制在昆虫生理学和行为学中已有深入的研究，荧光素酶已得到开发利用。日本和朝鲜半岛民间也很钟爱萤火虫，1966 年韩国发行了小萤甲的邮票（图 5.192），1980 年又发行过一枚窗萤邮票（图 5.193）。朝鲜和日本也发行过多枚萤火虫票。

图 5.189

图 5.190

图 5.192

图 5.193

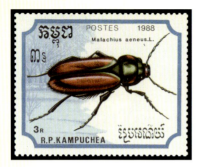

图 5.194

图 5.195

图 5.196

图 5.197

图 5.198

红萤的身体较柔软，体表呈现绿、黄、黑等多种色彩，翅鞘有网纹，无发光器。成虫是捕食性的，它们有时也吃花粉、花蜜。幼虫以腐败的植物为食。1988 年柬埔寨发行的昆虫邮票中，有一枚为花萤（图 5.194）。红萤和萤火虫两者的形态和习性比较接近，但无发光器，幼虫肉食性，生活在枯枝落叶层中，捕捉小虫。多数红萤生活在阴暗潮湿处。1993 年埃塞俄比亚发行了一枚非洲红萤（图 5.195）邮票。

（7）象甲

象甲头部有长喙，形如象鼻，上面着生上颚。体色有暗褐色的，也有黄色、绿色或有条斑纹的，有的着生鳞片。触角呈肘状弯曲。雌虫产卵前用喙在植物组织上钻蛀小孔，然后将卵产在其中。幼虫多为害果实或嫩芽。1954 年匈牙利发行的昆虫邮票中，收录了危害严重的甜菜象甲（图 5.196）。不少国家的邮票上有为害农作物的象甲，如 1983 年土耳其发行的邮票中，有为害苹果花的黑条切叶象（图 5.197）。

小蠹是著名的林业害虫，虽然没有延长的头部，但仍属于象甲科。1964年伊朗发行了小蠹邮票。通过一个放大镜，可以看到欧洲榆小蠹的外形和木材上的隧道（图 5.198）。小蠹体型微小，圆柱形，头宽大于胸；触角短，圆锤状；

幼虫在树皮下做隧道为害树干；是一类危害木材的重要害虫。

在热带地区体色特异的象甲有很多，如1987年斐济发行的邮票中的巴布亚长角象甲（图5.199）。1978年卢旺达发行的邮票中，有一枚为宽鼻象（图5.200）。1961年荷属新几内亚发行的邮票中，有一种几内亚三锥象（图5.201），三锥象体型中等，念珠状触角着生在喙上，翅鞘上有纵沟和黄斑，多生活在枯死的树皮下。

（8）皮蠹和谷蠹

皮蠹虫体小，呈圆形，多黑褐色，体表多毛或着生鳞片。头部隐藏在前胸背板下，取食植物、干肉、皮货，是一类危害严重的仓储害虫。1986年尼日利亚发行的昆虫邮票中，有一枚在搬动食物球的小圆皮蠹，体灰色，有鳞片，翅鞘上多灰白斑（图5.202）。1986年坦桑尼亚发行的邮票中有大谷蠹（图5.203），1992年布基纳法索发行的邮票中的为多米尼加谷蠹（图5.204）。两者都是世界性仓贮害虫。

图 5.199

图 5.200

图 5.201

图 5.202

图 5.203

图 5.204

（9）步甲和虎甲

步甲体型中等，长而略扁，体表黑色，翅鞘上多有刻纹。1953 年几内亚发行的甲虫邮票中，步甲就有 3 种，即安泰步甲、克拉步甲和长颈气步甲（图5.205）。至今已发行至少 40 种步甲的 50 多枚邮票。邮票中较多的是大步甲，如 1956 年瑞士发行的邮票中的密大步甲（图 5.206），1968 年苏联为纪念第13 届国际昆虫学大会发行的邮票上的丽大步甲（图 5.207）。邮票上常见的还有广肩步甲，如 1961 年波兰发行的邮票中的艳广肩步甲（图 5.208）。2001年泰国发行的邮票中，有一种奇特的琴步甲，头部很长，触角也长，体形很像小提琴，为热带雨林中的特有物种，琴步甲的幼虫生活在参天大树上的大型层孔菌中，对生存条件的要求极为严苛（图 5.209）。

图 5.205

图 5.206

图 5.207

图 5.208

图 5.209

图 5.210

图 5.211

图 5.212

图 5.213

图 5.214

图 5.215

虎甲体型中等，外形与步甲相似，体表有金属光泽，常有绿色或黄色斑纹，虎甲与步甲不同的是在于前者是下口器式，后者是前口器式。虎甲幼虫在土壁中穴居，形成一个个小圆洞，幼虫将头顶在洞口，伏击过路的昆虫。各国发行的邮票上虎甲种类繁多。最早有1953年几内亚发行的邮票中的非洲蓝虎甲（图5.210）。1963年阿尔巴尼亚和朝鲜分别发行有阿尔巴尼亚虎甲（图5.211）和中华虎甲（图5.212）的邮票。1987年南非发行了帝王虎甲邮票（图5.213）。

（10）瓢虫

瓢虫体小而圆，体表多各种色彩的斑点或花纹。很多以斑点数量命名。如7个斑点称为七星瓢虫，28个斑点称为廿八星瓢虫。

全世界有近20个国家发行过七星瓢虫的邮票。1952年在瑞士发行的邮票中首次亮相（图5.214），1992年我国发行的昆虫邮票中，也有七星瓢虫（图5.215）。1998年卡塔尔发行的邮票上展示了七星瓢虫的幼虫，右边一只倒挂的幼虫，即将化蛹（图5.216）。在邮票上其他瓢虫有20余种。如1993年基里巴斯发行的邮票中的黑背唇瓢虫（图5.217）和双红唇瓢虫（图5.218），都是田间害虫的天敌。

（11）龙虱和牙甲

龙虱体大，呈卵圆形，背隆起呈弧形，翅鞘上有刻点或条纹。复眼发达，上颚也呈管状，能像吸管似的吸取被消化的猎物。后足为多毛的游泳足，在水中划动起来速度极快。生活在河流和池塘中。成虫和幼虫都能捕捉小虫或小鱼。1996年芬兰便发行了有一只黄缘龙虱的邮票（图5.219）。波兰发行的水生昆虫邮票上，还有其幼虫的形象（图5.220）。

牙甲又称水龟虫，形状和龙虱很像，虫体椭圆，呈高度流线型。中、后足上都有长毛，呈浆状，能在水面上快速游动。翅鞘和腹部背面之间有储空气的腔，幼虫有鳃状气管，能长期生活在水中。牙甲是杂食性昆虫，不同于龙虱，广泛分布于世界各地水域中。1954年匈牙利发行的邮票上有一只牙甲（图5.221）。

图5.216

图5.217

图5.218

图5.220

图5.221

图5.219

（12）其他甲虫

甲虫中有许多种类食性复杂，或随环境和条件不同而变化食物的种类。赤翅甲虫体小，呈红、黑、黄等多种颜色，触角锯齿状，以真菌的菌丝为食，生活在林地中，1962年捷克斯洛伐克发行的邮票中，有一只红色的谷赤翅甲（图5.222）。

图 5.222

图 5.223

芫菁虫体型中等，柔软，有微毛。有黑、红、黄等色斑。头大、活动灵便，触角丝状或念珠状。翅鞘末端左右分离。幼虫取食蝗卵，成虫吃食植物叶片，能分泌含有毒斑蝥素的

图 5.224

图 5.225

汁液以自卫。1966年南斯拉夫发行的邮票中有短翅芫菁（图5.223），1983年加蓬发行的邮票中有黄斑芫菁（图5.224）。

1984年联邦德国发行的邮票上的蜂形郭公虫，有时取食花粉，但更喜欢冒充蜜蜂，到蜂箱里偷吃蜂蜜（图5.225）。

隐翅虫体小色黑，体表光滑。多数翅鞘很短，腹部外露，并且转动灵活。成虫多在夜间活动。幼虫以捕食小虫为食物，或吃腐烂物质，食性较杂。1972年法属南方和南极领地发行的昆虫邮票中，有一种南极隐翅虫（图5.226）。1985年法国发行的邮票中，选择了欧洲毒隐翅虫（图5.227）。毒隐翅虫对人体有害，接触皮肤会引发疱疹。

阎甲体躯坚硬，背面隆起，有的扁平、黑色。成虫生活在树皮下，以腐烂物质为食，部分种类生活在白蚁

图 5.226

图 5.227

图 5.228

图 5.229

图 5.230

巢中，取食白蚁，有的取食蝇蛆或其他幼虫。1968 年民主德国发行有阎甲邮票（图 5.228）。

1970 年毛里塔尼亚发行的甲虫邮票中，有一种外形很像蜘蛛的甲虫，这就是蛛甲（图 5.229）。

21. 捻翅目

捻翅目是昆虫纲中的一个小目，其成虫通常称为捻翅虫或蝙。体小，雌雄二型，雄性营自由生活。前翅退化成棒状，后翅宽大呈扇形；雌性似幼虫，无足无翅，营内寄生生活。全世界已知约 370 种。

捻翅虫寄生在蜂、蚁、叶蝉、飞虱、土蝽、蚤蝼、螽斯、螳螂和蜚蠊等昆虫身上，破坏寄主的生殖系统，导致其不育。因此可抑制一些昆虫的数量，是农田内可以利用的天敌。

世界上迄今还没有发行过有关捻翅目昆虫的邮票。1965 年英国为纪念昆虫学会成为皇家学会会员 100 周年，发行一套昆虫邮票时，在伦敦启用了两种有学会标识的纪念邮戳，在标识中有一对雄性二跗蝙（图 5.230）。

22. 双翅目

双翅目昆虫的最大特点是虫体小，前翅膜质，后翅演变成平衡棒。全目有 130 科 12 万种，属完全变态。根据触角和有关特征，分为以蚊子为代表的长角亚目、以苍蝇为代表的芒角亚目和以虻为代表的短角亚目。少数种类取食或寄生在昆虫上，是害虫的天敌；部分叮咬人畜，传播疾病，是人类的大敌；而有一些种类由于形态、生理和生物化学的特异性，为人类科学研究所利用，正所谓"化腐朽为神奇"。摩尔根等 5 位科学家对黑腹果蝇的深入研究，阐明染色体和基因在遗传方面的作用，先后获得诺贝尔生理学或医学奖，让世人刮目相看（图 5.231）。在南大西洋的一些多风寒冷的火山岛屿上，还生活着不会飞翔的果蝇，如 1987 年特里斯坦 – 达库尼亚发行的邮票上的特里斯坦果蝇（图 5.232）和 1993 年发行的邮票上的短翅果蝇（图 5.233）。生态学家和生物学家把它们作为生物适应环境的例证。世界各国已发行的双翅目昆虫邮票涉及 50 多个种，总数超过 600 枚。

　　长角亚目昆虫的身体大多比较细小，触角较长，每节大多有环毛。其中种类最多、数量最大的是蚊子。邮票上最多的昆虫也是蚊子。1949 年海地发行了 Gourde 疗养院附捐邮票，其中就有蚊子图像（图 5.234）。1962 年，因

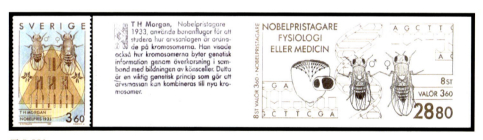

图 5.231

图 5.232

图 5.233

图 5.234

图 5.235   图 5.236   图 5.237

世界卫生组织发起全球灭蚊防疟运动，140 个国家发行了与蚊子有关的邮票。邮票上可以看到主要的蚊子都是按蚊和伊蚊，1962 年南斯拉夫发行的邮票上，一只身体倒立、高举后腿的蚊子是典型的按蚊（图 5.235）。恶蚋是一类比较接近短角类的长角类昆虫，也是有名的媒介昆虫，虫体小于蚊子，背有凸峰，触角和足短小，幼虫生活在河水中，以吸盘附着在石头或植物组织上，并在水中化蛹。成虫在河面上活动。雌蚋嗜食人血，传播盘尾丝虫引发的河盲症，致人失明（图 5.236）。一些摇蚊种类有很强的耐寒能力，分布在南极附近，1971 年法属南方与南极领地发行的昆虫邮票中，就有一只能耐极度寒冷的奇异摇蚊（图 5.237）。

发光的不一定是萤火虫，还有可能是蚊子！在新西兰有一些著名的"萤火虫洞"，里面有无数的发光昆虫，这些是发光菌蚊的幼虫被称为"幽帘虫"。这些幼虫从洞穴顶部垂下一根根丝线，丝线带有滴滴黏液。幼虫发出幽蓝的光，并潜伏在丝线上，被光吸引而来的小飞虫，被其粘住并吞噬（图 5.238）。

短角亚目的种类通常体躯粗壮，较少出现在邮票上，如 1987 年西南非发行的邮票上的丝特食虫虻（图 5.239）。

芒角亚目的种类较多，统称苍蝇。如 2005 年冰岛发行的邮票上的家蝇（图 5.240），1997 年不丹发行的邮票上的红尾粪麻蝇（图 5.241），1989 年阿森松发行的昆虫邮票上，展示了遍布世界的丝光绿蝇（图 5.242）。苍蝇是人所共知的传病媒介，但在化解粪便和尸体方面具有独特的功能，还经常被法医用来破解凶杀案。中国于 2016 年发行了一套世界法医创始人宋慈邮票，其中一张是宋慈等人在观察苍蝇，宋慈多次用苍蝇破案，并创立了法医昆虫学（图 5.243）。

图 5.238

图 5.239

图 5.240

图 5.241

图 5.242

图 5.243

许多非洲国家流行的昏睡病，是由舌蝇（又称采采蝇）传播的锥虫引起的。与舌蝇有关的邮票已有近20枚，如喀麦隆（图5.244）等。这些邮票上不仅有舌蝇，还有研究者法国军医雅摩（Dr. Jamot）。1966年葡属圣多美和普林西比发行了防治昏睡病100周年的邮票中，有当年主持研究和防治舌蝇和锥虫的葡萄牙人科凯（Kopke）（图5.245）。1981年刚果发行的邮票上，描绘了患者痛苦的表情（图5.246）。

实蝇科有很多种类都是蔬菜水果的重要害虫，2011年肯尼亚为纪念肯尼亚昆虫生理生态研究所成立40周年发行了5枚大版票，其中一版25枚是25只不同种类的实蝇（图5.247）。

邮票上还有许多蝇类，如1971年法国南方和南极领地发行的邮票中的圆头蝇（图5.248），1973年卢旺达发行的邮票上的卢旺达蚜蝇（图5.249）和突眼蝇（图5.250）。2005年图瓦卢发行的昆虫邮票中，有一只虱蝇，虫体扁平，没有翅膀，足末端有爪，能像虱子一样攀附在寄主的毛和羽上，营吸血生活（图5.251）。同样属于寄生性的蝇类还有古巴发行的邮票上的马胃蝇（图5.252）。

图 5.244

图 5.245

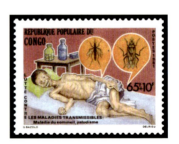

图 5.246

图 5.247

图 5.248

图 5.249

图 5.250

图 5.251

图 5.252

图 5.253

图 5.254

图 5.255

图 5.256

23. 长翅目

蝎蛉属长翅目，全目仅9科700余种。通常有2对膜质翅，触角很长，细丝状。雄性腹部末端有巨大的生殖器官，像蝎子一样向上举起，因此称其为蝎蛉。它的咀嚼式口器不在头前，为下口式，因此不同于草蛉等脉翅目昆虫。多分布在北半球。生活在森林、峡谷的阴凉处。幼虫形似毛虫，也是捕猎能手。

美国发行的昆虫和蜘蛛邮票中，有一枚是蝎蛉的侧面观（图5.253），2002年马绍尔发行的同题材邮票中，有一只背面观的蝎蛉，但图形小，色较绿，其形象与美国的差异较大（图5.254）。

24. 蚤目

蚤目昆虫统称跳蚤，是一类全变态昆虫，全世界已知的有2 300余种。跳蚤身体两侧扁平，体长仅几毫米，但一跳的距离约是其体长的200倍，因而有"动物界跳高冠军"之称。口器具刺，善于穿刺动物皮肤，通常寄生在小型哺乳动物和鸟类身上。跳蚤特别喜欢寄生在老鼠等啮齿类温血动物的身上。随着寄主动物的迁移扩散，许多跳蚤已遍布世界各地。跳蚤可在人鼠之间传播黑死病（鼠疫），历史上曾经多次出现死亡的灾难。

1999年帕劳为地球日发行的昆虫小版张中，首次出现了两种跳蚤，分别为库克多毛蚤和斯氏多毛蚤（图5.255）。2011年多哥发行的宠物医院邮票，向我们展示了狗身上的跳蚤（图5.256）。

图 5.257

2019 年多哥发行的卫生害虫小型张上，清晰地印有一只跳蚤的整体图和一张头胸部显微图（图 5.257）。

　　1993 年圭亚那曾发行了一枚卢浮宫 200 周年朱塞佩·克雷斯皮的名画《抓跳蚤的女人》，画中女人的神态及其生动（图 5.258）。

　　人类史上发生过多次瘟疫，其中最可怕的莫过于中世纪的鼠疫，它有一个更广为人知的名字"黑死病"。黑死病曾导致 2 500 万人死亡，达到当时欧洲人口的半数以上。无论是穷人还是富人都难逃厄运，可谓"瘟疫面前，人人平等"。而这一切的罪魁祸首就是跳蚤！

图 5.258

面对鼠疫，当时的人们想尽各种办法。1619 年，一位名叫 Charles de Lorme 的法国医生发明了鸟嘴面具：这种面具口鼻部位突出，在眼睛处挖两个洞，形似鸟喙。这恐怕是人类历史上最早出现的"口罩"了。长长的鸟嘴构造中填满了棉花、香草等人们认为的"洁净"之物。基因检测行业的从业人员、佐治亚州立大学生命科学院生物信息学专业硕士肖梦辰从现代生物学的角度肯

图 5.259

定了当时鸟嘴面具的可靠性："虽然在当时的科学发展中并未出现微生物学说，当时的医生无法从防治细菌、病毒的角度进行自我防护，但是鸟嘴面具仍然起到了作用，里面填满的棉花和香草刚好起到了过滤空气的作用，降低了通过口鼻吸入有害病菌的概率。"2000 年尼维斯发行的千禧年邮票中，重现了鸟嘴面具和传播"黑死病"的跳蚤（图 5.259）。

25．毛翅目

毛翅目昆虫通称石蛾，全目已知 43 科约 1 万种，幼虫生活在淡水中，成虫外形颇似蛾类，但翅上的毛代替了鳞片。雌虫产卵习性很特别，它用胶状物包裹卵，使之成块或成条，并黏附到植物上。幼虫生活在池塘、溪流、湖泊中，对水质要求很高。有的种类在石头间或其他物体上织环状网，有的用碎石组成套筒形壳室，幼虫蛰居其中，吞食随流水经过的有机碎屑或

图 5.260

藻类。溪流、池塘和河流中有无石蛾，是水质监测的一个指标。

1999 年波兰发行的水生昆虫邮票中，有一枚为沼石蛾，票面上绘出了成虫外形以及幼虫的样子（图 5.260）。同年美国发行的自然系列第二套太平洋海滨雨林邮票中，清澈的溪流里，石蛾幼虫躲在巢内，以高超的防御术，攻守方便，躲过马哈鱼的眼睛，安然自得（图 5.261）。

PACIFIC COAST RAIN FOREST

NATURE OF AMERICA

图 5.261

26. 鳞翅目

　　鳞翅目由蛾类和蝶类组成，全目 127 科约 20 万种。蛾类大多在夜间活动，少数种类白天活动。蛾类触角形态多样，雌性大多呈丝状，雄性呈梳栉状或羽毛状。停歇时四翅平展或呈屋脊状在身体两侧。蝴蝶几乎都是白天活动，触角呈棍棒状，停歇时四翅合拢竖在身体上方，露出腹面的色彩与花斑。鳞翅目昆虫完全变态，幼虫统称为毛虫，绝大多数取食植物叶子，少数蛀食植物茎干或谷物。有的蛾子结丝茧或作土室化蛹。蝶类不结茧，它的蛹用多种方式固定在树枝或石壁上。蝶蛾成虫为虹吸式口器，多以花蜜、汁液或腐败物质为食物，有的成虫口器退化，不再取食。

直到 20 世纪 80 年代后期，全球已发行的蝶蛾类纯邮票达 3 173 枚，其中蝶类 2 698 枚、蛾子 475 枚。到 21 世纪初发行蝶蛾邮票的国家和地区接近 300 个，若将准专题邮票统计在内，则总数已近万枚。

（1）凤蝶

凤蝶的体型较大，翅展可达 70 ~ 100 mm。多数后翅上有尾突，因而其英文名称为 Swallowtail（燕尾）。凤蝶的卵多产于芸香科和马兜铃科等寄主植物上，幼虫取食叶片。幼虫前胸有翻出腺，受惊时会突然外翻，并散发臭味，对来犯者起警戒作用。在枝叶上化蛹，以丝带将蛹系着，形成缢蛹。分布于温暖多雨地区，常出没于鲜花盛开的林间以及河边洼地。凤蝶邮票已超过 50 属 150 多种。

金凤蝶在世界各地分布很广，也是出现在邮票上次数最多的蝴蝶。1993 年马耳他发行的邮票，描绘了一只正在羽化的成虫（图 5.262）。

产于马来西亚的红颈鸟翼凤蝶，19 世纪中叶考察马来群岛的华莱士（Wallace）称其为最优雅的物种，也是最先亮相邮票的蝴蝶。新加坡也多次发行了红颈鸟翼凤蝶的邮票（图 5.263）。鉴于红颈鸟翼凤蝶的珍稀和美丽，1855 年华莱士将其命名为布鲁克凤蝶，献给他的好朋友、沙捞越的统治者詹姆斯·布鲁克爵士（图 5.264）。

1884 年英国舰船到南太平洋考察，在所罗门群岛海域，士兵发现硕大无比的蝴蝶在飞舞，开炮将其捕捉，献给维多利亚女王，这就是维多利亚鸟翼凤蝶。据说翅膀受损的蝴蝶，至今仍保存在伦敦博物馆中，供人参观。1987 年

图 5.262

图 5.263

图 5.264

图 5.265

所罗门群岛再次发行维多利亚鸟翼凤蝶邮票时，用原色展示了从卵到成虫的全部形态，并以白描的寄主马兜铃作背景（图 5.265）。

巴布亚新几内亚有丰富的鸟翼凤蝶资源，1966 年发行的蝴蝶邮票中就有翅展达 280 mm 的金绿鸟翼凤蝶（图 5.266）和钩尾鸟翼凤蝶（图 5.267）。

在中国，裳凤蝶是国家二级保护动物，中国大陆、澳门、香港以及台湾地区都发行过裳凤蝶邮票（图 5.268、图 5.269、图 5.270、图 5.271）。

图 5.266

图 5.267

图 5.268

图 5.269

图 5.270

图 5.271

图 5.274

图 5.272

图 5.273

图 5.275

图 5.276

　　日本虎凤蝶是人人喜爱的佼佼者，1980 年第 16 届国际昆虫学大会在东京召开，日本发行了由虎凤蝶作主图的纪念邮票（图 5.272）。

　　在比夫拉（现属尼日利亚）邮票上，可以看到翅膀最长的长翅德凤蝶（图 5.273），展开时前翅可达 220 mm。

　　在凤蝶邮票中，还有不少常见的种类，如 1959 年匈牙利发行的绮凤蝶（图 5.274）、1994 年格林纳达发行的多点荆凤蝶（图 5.275）、1971 年巴西发行的巴西芒凤蝶（图 5.276）等。

（2）绢蝶

绢蝶的体型中等，呈半透明状，多生活在高山上，浑身多富油脂的鳞片和毛，能够抵御寒冷。白天活动，飞翔缓慢，飞舞的绢蝶却点缀着植被贫乏的高山和雪原。幼虫以景天科植物为食料。60多种绢蝶绝大多数属于绢蝶属。其属名来自希腊一座1 935 m

图 5.277

的高山。1758年林奈就以希腊神话中的太阳神阿波罗来命名这种美丽坚强的蝴蝶。1970年摩纳哥发行的邮票上的阿波罗绢蝶，以阿尔卑斯雪山为背景，反映出它的生态特点（图5.277）。阿波罗绢蝶分布范围较广，在我国新疆、中亚、西亚和欧洲许多高山上都有它的踪迹，并分化出多个地理亚种，在我国是国家二级保护动物，已有10多个国家发行过20多枚阿波罗绢蝶邮票。

2006年乌兹别克斯坦发行了4枚不同种绢蝶的邮票和1枚中亚丽绢蝶的小型张（图5.278）。小型张呈现天山山脉的景色。有专家认为那里是绢蝶的真正发源地，并向四周辐射，扩散到欧亚各地。

（3）粉蝶

粉蝶体型中等，多为白色或淡黄色，有些种类有橙色斑，鳞细似粉，并多闪光，翅面能反射出紫外光，成为两性间的识别信号，幼虫为害十字花科和豆科作物。粉蝶邮票中最多的是豆粉蝶，共有30多种。从1950年开

图 5.278

图 5.279

图 5.280

图 5.281

图 5.282

图 5.283

图 5.284

始，瑞士发行的邮票中先后有黑缘豆粉蝶（图 5.279）等多种粉蝶。1953 年莫桑比克发行的邮票中有翠袖珂粉蝶（图 5.280）。粉蝶中色彩丰富的要数 1960 年科摩罗发行的红晕珂粉蝶（图 5.281）。我国 1963 年发行的蝴蝶中，有玉色豆粉蝶等（图 5.282）。中国台湾（图 5.283）、中国澳门曾分别发行端红粉蝶邮票。

（4）蚬蝶

图 5.285

蚬蝶体型较小，部分种类成虫雌雄之间差异较大（性二型），多数在阳光下飞舞，有采花习性。喜停歇在叶子反面。幼虫体表多细毛，喜食禾本科植物。在南美分布较多。如 1968 年巴拿马发行的邮票中的白面蚬蝶（图 5.284）。1963 年我国也曾发行了橙红银蚬蝶邮票（图 5.285）。

（5）灰蝶

灰蝶体型细小，雌雄蝶也具有性二型性。雄性翅正面可见彩虹蓝色、铜色或紫色；但反面不论雌雄都很暗淡。幼虫取食植物，或取食蚜虫、蚂蚁。霾灰蝶的幼虫能分泌特殊的液体，蚂蚁嗅到气味，误认为是同类，会将幼虫搬入窝中侍候，舔其排出的液体作食料（图4.36、图4.37）。灰蝶则"以怨报德"取食蚂蚁幼虫，直到其化蛹为止。灰蝶多生活在温暖地区，分布范围很广。如1959年匈牙利的橙红灰蝶（图5.286），1952年瑞士的银饰蓝灰蝶（图5.287）和2000年西班牙的珠丽灿灰蝶（图5.288）。

图 5.286

（6）眼蝶

眼蝶体小或中等，体色较暗，翅上有眼斑，少数热带种的翅是透明的。成虫也有性二型性和季节性变化。早晚或阴天活动较多，幼虫多纺锤形，为害棕榈科和禾本科植物。1952年瑞士的加勒白眼蝶（图5.289），1973年列支敦士登的爱珍眼蝶（图5.290），1963年我国的联珠带眼蝶（图5.291），都是珍稀美丽的蝶种。

图 5.287

图 5.288

图 5.289

图 5.290

图 5.291

（7）蛱蝶

蛱蝶种类极多，体型变化大，其特点是前足退化，缩在胸前，俗称四足蝶。蛱蝶大多色彩斑斓，常在阳光下访花采蜜，有的有迁徙习性。幼虫身上多刺，蛹为悬蛹，头部分叉。蛱蝶邮票数量很大，最常见的是鳌蛱蝶，有48种进入邮票，特别是蓝带鳌蛱蝶（图5.292），中非、喀麦隆、加蓬、加纳等都发行过它的邮票。在欧洲发行的邮票中，黄缘蛱蝶（图5.293）、优红蛱蝶（图5.294）等都很普遍。遗憾的是，过去常见的种类现在逐渐变成濒危。1963年我国发行的蝴蝶邮票中，有一枚姿态美丽、色泽漂亮的丽蛱蝶（图5.295）。蛱蝶邮票中珍稀的种类有1990年冈比亚发行的幽蛱蝶（图5.296）和1966年马拉维发行的榕丝蛱蝶（图5.297）等。

（8）珍蝶

珍蝶的个体较小，前翅狭长，腹部细长，前足退化，不少种类能从胸部释出臭腺，驱避追逐它们的天敌。珍蝶飞翔缓慢，有群栖性，大多分布于非洲。

图 5.292

图 5.293

图 5.294

图 5.295

图 5.296

图 5.297

邮票中以珍蝶属种类为最多，如 1960 年马达加斯加发行的豹珍蝶（图 5.298），2007 年中国香港发行的苎麻珍蝶（图 5.299）。冈比亚是发行珍蝶邮票较多的国家，其在 1994 年发行了黄斑线珍蝶小型张（图 5.300）。

图 5.298

（9）斑蝶

斑蝶体型中到大型。翅大多黄褐色，前翅顶角和外缘多黑色，后翅也有黑缘。前足退化，且飞行姿态优美而缓慢，有的种类具有长距离迁飞习性。幼虫喜食萝摩科植物，并将毒物贮存在体内，直到成虫期，都能使捕食者中毒。斑蝶科邮票较多，其中有近 20 种，以金斑蝶（图 5.301）和黑脉金斑蝶（君主斑蝶）（图 5.302）的邮票最多。前者分布在东半球，后者分布在西半球，分别有近

图 5.299

图 5.300

图 5.301

图 5.302

图 5.303

图 5.304

图 5.305

30 个国家发行过它们的邮票，尤其是黑脉金斑蝶，不仅邮票数量多，而且内容十分丰富。1988 年墨西哥发行的一套 4 枚黑脉金斑蝶邮票中，分别用迁飞、越冬、越夏、生活史 4 个票面介绍了它的生物学与生态学特征，如教科书上的插图，使人对迁飞昆虫会有较多的认识（图 5.303）。此外，还有中国香港发行的邮票中的虎斑蝶（图 5.304），马拉维发行的邮票中的克拉窗斑蝶（图 5.305）等。

（10）袖蝶和绡蝶

袖蝶体型瘦小，前翅较长，色多黄、白、黑，显得苗条素雅。飞翔缓慢，主要在开阔地活动，多分布在美洲热带和亚热带地区。常出现在庭园中，幼虫喜食西番莲科植物，对一些藤本花卉造成危害。邮票上展示了 5 属 40 余种，但以袖蝶属为主，其中又以黄裳蓝袖蝶占优势，1993 年格林纳达的格林纳丁斯小型张上，展示了后翅覆在前翅上的休息姿态（图 5.306）。以海

图 5.306

图 5.307

图 5.308

图 5.309

图 5.310

图 5.311

神袖蝶（图 5.307）、诗神袖蝶（图 5.308）为主题邮票的发行数量也有不少。

绡蝶体型较小或中等，翅狭长，常超过细长的腹部。翅透明，鳞片稀少，色鲜艳。有条纹或斑点，与袖蝶颇相似。幼虫和斑蝶相似，以取食含毒植物自卫，并且相当成功。体表也有保护作用的臭腺，一遇惊扰，就立即排出体外，吓退来犯者。多在林地缓慢飞行，仅少数在开阔地活动。分布于中南美洲等热带地区。如 1968 年巴拿马的中美绡蝶（图 5.309），1994 年苏里南的艾绡蝶（图 5.310）。

（11）环蝶

环蝶属大型或中型蝶类，展翅可达 200 mm。色暗，后翅上的大眼斑起警戒和保护作用。活动于林中，飞行缓慢。幼虫头部有突起，以竹子、香蕉、椰子等植物为食料。著名的猫头鹰环蝶正面颜色比较单调，只有遇到惊扰时，才突然亮出翅反面的巨大眼斑，极像猫头鹰的脸，使来犯者大吃一惊，落荒而逃。但很多票面绘出的翅都是正面图像，很难发现其隐藏在背后的玄机。巴西等近10 个国家发行过猫头鹰环蝶邮票（图 5.311）。箭环蝶邮票以东南亚国家发行

图 5.312

图 5.313

图 5.314

得较多，如 1984 年泰国发行的邮票上的白袖箭环蝶（图 5.312），因翅膀边缘箭头而得名。

（12）闪蝶

大型华丽的闪蝶类，大的翅展可达 200 mm，翅大多为蓝色，具金属闪光。白天活动，快速飞翔时翅上闪出的光亮，十分鲜艳迷人，被收藏家视为珍宝。幼虫常群栖，喜取食攀援的豆科植物，主要分布在中南美洲。在邮票上可以看到尖翅蓝闪蝶（图 5.313）和梦幻闪蝶（图 5.314）等。闪蝶邮票极大部分由南美和加勒比海国家发行，尤以圭亚那发行得最多。

（13）弄蝶

弄蝶科体型粗大肥胖，颇似蛾子，色多暗褐，有透明斑点或淡色斑纹，触角端部较粗，尖端形成一个小钩。早晚在林荫中活动，飞行时呈现跳跃状。幼虫常吐丝结苞，以禾木科和芭蕉类植物为寄主。不少种类是农作物害虫，在世界各地大约有 5 000 种。邮票上的弄蝶有 30 多属近 50 种。

图 5.315

图 5.316

1963 年我国发行的蝴蝶邮票中，包括一种峨眉毛弄蝶，展开翅膀可达 60 mm，属大型弄蝶，逆光时会产生灿烂的闪光（图 5.315）。1994 年塞舌尔发行的波粼弄蝶邮票（图 5.316），折翅的形状非常特别。

1981 年英国发行的蝴蝶邮票中有一只银弄蝶，是英国濒危物种（图 5.317）。

图 5.317

1983 年澳大利亚发行的邮票上的澳洲巨弄蝶（图 5.318），分类学家对它有浓厚的兴趣。该蝶与高等蛾类亲缘关系很近，雌蝶后翅前缘有翅缰，和前翅上的抱缰器相连，飞行时前后翅能完美地协调动作，属蛾类特征；但其飞行时的跳跃姿态，纯属蝶类特征，触角形状也像弄蝶，是蛾蝶之间的过渡种，有学者建议将它从弄蝶中分离出来，成为独立的缰蝶科。

图 5.318

（14）尺蛾

尺蛾体型较小，翅大而薄，多绿色，或带花斑，因幼虫爬行的姿态如尺量地，从而得名尺蠖。1996 年阿富汗发行的蛾蝶小型张中，有一只醋栗尺蛾成虫和一条拱桥形的幼虫（图 5.319），这种尺蛾取食醋栗等多种树木。1970 年新西兰发行的邮票中，有一种幼虫取食地衣，其名为地衣尺蛾（图 5.320）。

图 5.320

图 5.319

（15）斑蛾

斑蛾体中小型，体表有金属色泽。成虫口器退化，不少种类白天活动，行为颇像蝴蝶。幼虫食树叶，会吐丝结粗糙的茧。喜热带或亚热带气候，分布范围很广。在邮票中可以见到20多种斑蛾。如1974年利比里亚发行的邮票中有普喜斑蛾（图5.321），1956年瑞士发行的邮票中有一只地榆斑蛾（图5.322）。

（16）燕蛾

燕蛾体型大，有的翅展可达100 mm。翅多彩亮丽，是最漂亮的一类蛾子，常被人误认为是凤蝶。多数种类夜间活动，但非洲及南美洲国家分布的一些色彩靓丽的种类则在白天活动，分别被称为太阳蛾和月亮蛾。幼虫取食大戟科有毒植物，如斑蝶一样用带毒的身体保护种群。小鸟对这种虽容貌漂亮，但口感不好的对象，也会望而却步。燕蛾多分布于热带、亚热带地区。邮票上常见的是马达加斯加燕蛾（太阳蛾，图5.323），有近10个国家发行过它的邮票。还有一些种类与它十分相似，如1978年科摩罗发行的邮票上的多尾橙燕蛾（图5.324），苏里南发行的邮票上的南美白剑尾燕蛾（月亮蛾，图5.325）。

图 5.321

图 5.322

图 5.323

图 5.324

图 5.325

图 5.326

图 5.327

图 5.328

图 5.329

图 5.330

（17）蚕蛾

桑蚕个体粗壮，中等大小。体表多毛，多呈乳白色或黄褐色。幼虫专吃桑叶，成虫口器退化，不取食。出现在邮票上的只有一种桑蚕。1965 年朝鲜发行的绢丝昆虫邮票上，有刚刚破茧的蚕蛾（图 5.326）。1982 年巴西发行的资源昆虫普票上，有蚕宝宝、蚕茧，以及桑叶与桑果（图 5.327）。

（18）天蚕蛾

天蚕蛾又称大蚕蛾，因多数种类虫体大而得名，翅展可达 300 mm，口器退化，雄蛾触角羽状，雌蛾则呈丝状。幼虫能吐丝结茧，其丝被称为天蚕丝，具有独特的品质而受人们重视，所织的绸比较厚实，适宜制作面料。分布于热带和亚热带林区，也有在温带生活的。天蚕蛾邮票较多，总计已超过 150 枚，其中包括 30 多属近 60 种。乌柏天蚕蛾是世界上最大的蛾类之一，在中国华南地区、东南亚和印度都有分布，它的幼虫黄绿色，有肉刺，老熟时长 100 mm，很容易在女贞上饲育，2023 年曾出现在中国发行的邮票上（图 5.328）。在非洲各国发行的邮票上经常出现博茨瓦纳天蚕蛾（图 5.329）。在法国发行的邮票上我们可以看到伊莎贝拉天蚕蛾（图 5.330），由于它的美丽，深得老

图 5.331

图 5.332

人小孩的喜爱，并被列为保护种类，在法国还曾以它为主线拍摄电影。在美洲，有 1983 年尼加拉瓜发行的邮票上的南美皇天蚕蛾（图 5.331）和 1991 年洪都拉斯发行的邮票上的惜可比天蚕蛾（图 5.332），后者常被用于昆虫生理学实验，对揭示激素调控昆虫生长发育有很大贡献。

（19）天蛾

天蛾体型大而粗壮，翅狭长，在头下可以清晰地看到卷曲的虹吸式口器。有很强的飞行能力，多数喜吸花蜜，有的在花前盘旋飞舞，不时地伸长口吻，插入花蕊中吸食花蜜。一些白天活动的天蛾种类，常被误认为是"蜂鸟"。幼虫为害植物，很多是农业害虫。多分布于热带和亚热带地区。专门的天蛾邮票仅有 5 套，多数则分散在蛾类邮票或昆虫邮票中。在已发行的邮票中，有 20 多属近 50 种，总共 130 多枚邮票。如夹竹桃天蛾（图 5.333）、鬼脸天蛾（图 5.334）、烟草天蛾（图 5.335）及其幼虫（图 5.336）。烟草天蛾不仅是为害烟草的害虫，也是一种极为重要的实验昆虫，昆虫学中数千篇科学论文的试验数据，都是利用烟草天蛾取得的。

图 5.333

图 5.334

图 5.335

图 5.336

（20）灯蛾

灯蛾体型较小，体躯多毛，通常由黑色、红色、黄色或橙色组合成亮丽的翅，有的种类翅色较淡，常多黑色斑点。幼虫体表有密密麻麻的毛，是典型的毛毛虫，取食马铃薯和金莲花等有毒植物的叶片。皮肤接触毒毛会感觉痛痒。有的取食林木果树和粮食作物，对农作物危害较大。邮票上共有30多属40余种。常见的多为豹灯蛾，数量不下5种，世界各地多有分布。如1954年瑞士发行的邮票上的豹灯蛾（图5.337）。丽灯蛾的前翅色彩比较丰富，如1969年匈牙利发行的邮票上的四斑丽灯蛾（图5.338）。此外，星灯蛾的邮票也比较多，如1984年安哥拉发行的邮票上的翠袖星灯蛾（图5.339）。

图 5.337　　　　　　　　图 5.338

图 5.339　　　　　　　　图 5.340

图 5.341

（21）夜蛾

夜蛾个体大多中等大小，夜间活动，翅色黑褐色或暗褐色，有些后翅色彩鲜艳。幼虫为害植物的方式各异，有的取食叶片，有的咬食根茎，或为害果实，多为农业害虫。但一般邮票上看到的夜蛾与农作物关系不大，如1950年瑞士发行的邮票上的缟裳夜蛾（图5.340），1988年阿森松发行的邮票上的弧纹金翅夜蛾（图5.341）和1976年越南发行的邮票上的艳叶夜蛾（图5.342），都是很漂亮的夜蛾，前者金光耀眼，后者

图 5.342

五彩缤纷。1994年基里巴斯发行的蛾蝶邮票上有7种夜蛾，大多是迁飞能力很强的昆虫，海洋不能阻隔它们在岛屿之间自由来往，如斜纹夜蛾（图5.343）。但特里斯坦－达库尼亚岛上的短翅夜蛾（图5.344）例外，它用微小的翅膀抵御大风，世世代代驻守在小岛上。

（22）其他

邮票上的蛾类种类繁多，分属不下20多科。其生活习性和形态也多有差异。仙人掌螟蛾（图5.345）可在仙人掌上钻洞，1925年澳大利亚从阿根廷引入这种蛾子以控制多刺的仙人果，取得了巨大的成功。这也是用昆虫防治杂草的一个成功范例！

零星见于各国邮票中的蛾子还有蝶蛾（图5.346）、白羽蛾（图5.347）、北非木蠹蛾（图5.348）、新几内亚绿蝙蝠蛾（图5.349）、欧洲箩纹蛾（图5.350）和莫桑比克虎蛾（图5.351）等。

图 5.343

图 5.344

图 5.345

图 5.346

图 5.347

图 5.348

图 5.349

图 5.350

图 5.351

27. 膜翅目

膜翅目是昆虫世界中最高级的类群，共计 91 科超过 10 万种，包括蜜蜂、蚂蚁等多种社会性昆虫，它们是由大量分工明确的个体组成的超个体生物；其中还有很多捕食性与寄生性昆虫，从独居到营社会性生活，演化轨迹非常明显。多数成员有两对膜质翅，飞行时前后翅有细钩连锁。绝大多数蜂的腹部第 1 节与胸部融合，而第 2、第 3 节变成很细的蜂腰。雌性有针状或其他形状的产卵器，有的则演化为螫针，成为防卫武器。完全变态。蜂类邮票在昆虫邮票中占相当重要的位置。

蜜蜂是邮票上出现最早的昆虫。又因其经济价值和学术价值很高而邮票数量众多。至今各国已发行专门的蜜蜂邮票数十套，其他蜂类邮票近十套，还有很多蜜蜂邮票组合在昆虫邮票和一批蜜蜂普通邮票中。历届国际或地区性养蜂会议还发行过纪念邮票，如此算来，已发行蜜蜂邮票的国家就有 100 多个，总数 400 枚以上。

熊蜂因其体表密生棕色绒毛，因"熊腰虎背"的姿态而得名。以小群体营社会生活，生活在地下或地上草质蜂巢内，但繁育室是蜡质的。2015年意大利世界博览会发行的一套邮票中，其中一枚描绘了熊蜂及其巢穴（图 5.352）。世界上除撒哈拉地区外，各地均有分布，特别在北温带，极为常见，有的甚至生活在北极圈内。它有巧妙

图 5.352

图 5.353

图 5.354

的保温调温机制，能在寒冷季节仿花采蜜，对早春开花的植物授粉很有帮助。特别适合在温室中授粉。近 20 个国家发行了 10 多种熊蜂邮票，总计 40 多枚。如 1954 瑞士发行的邮票中的白尾熊蜂（图 5.353），1954 年芬兰发行的防痨邮票中的明亮熊蜂（图 5.354）。

总之，欧洲熊蜂种类多，各国发行的邮票数量也较多，质量也精。2005 年俄罗斯发行了 5 枚熊蜂特种邮票和 1 个小全张，内有美洲熊蜂等 5 个种及其分布地图（图 5.355）。2008 年瑞典发行的昆虫邮票中，其中一枚为护巢熊蜂，用雕版技术表现熊蜂的多毛特点，形象生动逼真（图 5.356）。

条蜂和木蜂是膜翅目中的"盗贼"。前者个体大，粗壮多毛，在土内筑巢；后者个体大小不一，在木材中筑巢。这两种蜂都会将其他昆虫的巢占为己有，并俘虏巢中幼虫，供其产卵育子。1987 年西南非发行的邮票中，有克柔条蜂（图 5.357）。1978 年南斯拉夫发行过蓝紫木蜂邮票（图 5.358）。

图 5.355

图 5.356

图 5.357

图 5.358

泥蜂和蜜蜂是近亲。泥蜂色彩鲜艳，具蓝绿色金属光泽，体型也与胡蜂相似，过单栖生活，在植物茎中、土壤中或木材内或昆虫洞穴内筑巢，然后捕捉猎物产卵。在邮票上能见到的泥蜂为数不少，如1964年罗马尼亚发行的邮票中的多沙泥蜂（图5.359）和1991年马来西亚发行的邮票中的爪哇泥蜂（图5.360），它们都是消灭害虫的能手。有些泥蜂的捕杀对象比较专一，如1970年圣海勒拿发行的邮票中的蠊泥蜂（图5.361），体表具有强烈的金属光泽，专门捕捉蜚蠊；1976年英属印度洋领地发行的邮票中的蝗泥蜂（图5.362），则以捕捉蝗虫为生。

1999年美国发行的昆虫和蜘蛛邮票中，有一只身披橙黄色绒毛的"天鹅绒蚁"，实际上并不是蚂蚁，而是北美蚁蜂（图5.363）。蚁蜂的特点是雄蜂有翅，雌蜂无翅。雌蜂经常在地面转悠，侵占土蜂、泥蜂的巢穴，在它们幼虫和蛹上产卵，使其幼虫过上"吃喝不愁"的寄生生活。雌蜂有强大的螫刺，能向牛发动进攻，有"杀牛蚁"的外号。

胡蜂体形较瘦，翅膀纵向折叠。它用经过咀嚼加工的纤维筑巢，营较低

图 5.359

图 5.361

图 5.360

图 5.362

图 5.363

图 5.364

图 5.365

图 5.366

图 5.367

图 5.368

级的社会性生活，捕捉鳞翅目幼虫作食料，蜂王和工蜂共同照料幼仔。蜂巢随着群体的增大不断增大，大的直径达 1 m 左右。蜇刺是它们自卫的武器。1986 年坦桑尼亚发行的邮票中，一只普通马蜂在构筑蜂房（图 5.364）。蜾蠃和胡蜂是近亲。我国《诗经》中有"螟蛉有子，蜾蠃负之"的诗句。说的是蜾蠃捕捉毛虫，产卵寄生的事。蜾蠃在产卵前先筑巢，随后去捕捉螟蛉（即毛虫），朝猎物的神经节注射"蜂毒"将它们麻醉，然后封存起来，并另建一室产卵，孵化的小蜂取食"螟蛉"长大。古人以为蜾蠃抚养了"螟蛉子"，实际上是被俘虏的"螟蛉"养育了蜾蠃。2008 年英国发行的濒危昆虫邮票中，就有一只金黄亮丽的赤足拟蜾蠃（图 5.365），雌蜂在土下筑巢，喜捕捉卷叶蛾幼虫喂养幼蜂，可惜近年来数量日趋稀少。

土蜂的个体很大，体长 60 mm，褐色，有的呈现蓝褐色或蓝黑色斑纹，雌蜂交配后，潜入土中，寻找蛴螬供它产卵育儿，产卵前能先用蜇针将寄主麻醉，手段如同蜾蠃，保证幼蜂在蛴螬内茁壮生长。1964 年罗马尼亚发行的昆虫邮票中，有一只斑点土蜂（图 5.366）。

蛛蜂个体较大，大的可达 70 mm，体多黄色或蓝色，翅多黄色，其习性与泥蜂相似，但专门捕食蜘蛛，有些种类甚至喜欢捕捉个体很大的捕鸟蛛。1977 年埃塞俄比亚发行的邮票上有巨鸟蛛蜂（图 5.367），1995 年津巴布韦发行的邮票上有海鸟蛛蜂（图 5.368）。

蚂蚁是膜翅目中的另一大类。营高度社会化群集生活，每个群体中蚂蚁数量可达几百万只。常见的是无翅、不育的工蚁，在其细腰上有1个或几个凸起，体色大多为黑色，有的呈红色或黄色。蚂蚁用发达的上颚咬食物，或向敌方发动进攻，有的会喷射蚁酸来保护自身。有发达的化学通信系统，进行联络和报警。它们的食性十分复杂，有的食尸，有的食肉，在非洲热带草原上，蚂蚁吞食的肉超过狮子和鬣狗吃的。它们在消灭尸体和代谢废物方面起着重要作用。有人说，如果世界上的所有动物都灭绝了，在某个角落可能还有老鼠和蚂蚁。说明蚂蚁是生存能力最强的物种。已发行的40多种蚂蚁邮票中，有1968年委内瑞拉的褐芭切叶蚁（图5.369），2018年圭亚那的巨首芭切叶蚁（图5.370）和2000年英国的德州芭切叶蚁（图5.371）。1998年卡塔尔发行的邮票上为沙漠

图 5.369

图 5.370

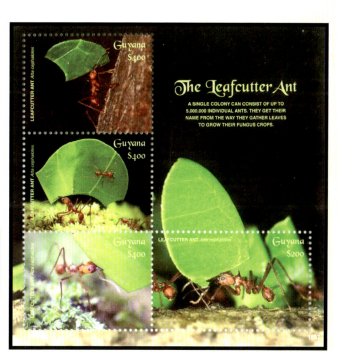

图 5.371

图 5.372

图 5.373

图 5.374

图 5.375   图 5.376

图 5.377

木工蚁（图 5.372）。2008 年英国发行的濒危昆虫邮票中，有一只红须蚁，这种蚁在土内或石头下营巢，一个群体中有成千上万的工蚁和 1 ~ 2 只蚁王（图 5.373）。

膜翅目内进化程度较高的是一些寄生蜂，如乌拉圭发行的邮票上的绒茧蜂（图 5.374）、蒙古发行的邮票上的红绿青蜂（图 5.375）和大绿青蜂（图 5.376）等，它们生活在食物链的最顶端，是许多害虫的天敌。

进化程度较低的是个体较大的树蜂，腹部前端较粗（不呈细腰形象），属于广腰亚目。雌虫蛀入树木中产卵，幼虫取食木材，并用丝和木材咀嚼产物做茧。2002 年泽西岛发行的邮票上，有一只泰加大树蜂（图 5.377）。

昆虫怎样生活

花丛里，几对蝴蝶在跳"爱情之舞"；泥土里，一群工蚁在建"地下宫殿"。昆虫的生活多姿多彩，它们的生长发育和行为习性复杂且高超。在漫长的演化道路上，它们从不放弃"传统"；在广阔的生命舞台上，它们永无"落幕"的时刻。

1. 昆虫一生的变化

"金蝉脱壳"是因为昆虫不断长大，需要蜕去老的表皮。"羽化登仙"并非昆虫能得道成仙，而是毛虫长出了翅膀。多数昆虫都有这种变态的经历。

2003 年老挝发行的蝴蝶小版张中，在过桥处绘出了包括蛹在内的几种蝴蝶的 4 个虫态，从中可以看出不同蝴蝶的变态过程相同，但形态并不一样（图 6.1）。2003 年洪都拉斯发行的金龟子小版张中，同时还配发了一枚反映金龟

图 6.1

图 6.2

图 6.3

子变态过程的小型张（图 6.2）。蝴蝶也好，甲虫也好，它们的幼虫体外是见不到翅膀的。从 1991 年尼加拉瓜发行的蝴蝶小型张中可知：原来光溜溜的蛹皮内隐藏有逐渐长大的翅膀，一朝破壳，便是凌空展翅的黑框蓝闪蝶（图 6.3），这个过程只能在蛹期完成，因此也带给人们对蛹的神秘感。

图 6.4

图 6.5

图 6.6

　　昆虫变态过程中若缺乏蛹期，就称为"不完全变态"。1996 年布基纳法索发行的昆虫邮票中，不完全变态的蝗虫拉长腹部在往土中产卵（图 6.4），1988 年毛里塔尼亚发行的蝗虫邮票中，可以看到卵和孵化的若虫（蝗蝻），以及若虫的蜕皮过程（图 6.5）。这些若虫的翅膀通过几次蜕皮，逐渐长大，所以不完全变态无须蛹期。

2. 昆虫的性别和婚配

　　当人们看到花前飞舞的蝴蝶，两只蝶模样不同（称为性二型现象），就会认定它们是梁山伯和祝英台。实际上性二型的蝴蝶有很多。1977 年牙买加发行的蝴蝶小全张上，有高黄粉蝶、伊格权蛱蝶、潘雅蛱蝶和金斑蛱蝶，这些都是中南美洲最典型的性二型蝴蝶（图 6.6）。它们两性之间，差别很大，在早期，甚至一些分类学家都不知道它们是一家。有些甲虫的性二型现象比蝴蝶更为普遍和明显。如 2001 年白俄罗斯发行的邮资明信片上，一对正在橡树上爬行的

图 6.7

欧洲深山锹甲。雌性全身比例匀称，上颚较小；而雄性上颚特别发达，形同一副大钳子（图 6.7）；又如 1994 年多米尼克发行的南美长戟犀金龟邮票上，可以看到雄虫头部和前胸背板的角状突起，具有强大的钳夹功能；而雌性个体较小，形状也很一般（图 6.8）。昆虫的性二型多与雄性争夺配偶有关。许多雄性甲虫高度"武装"，常常与竞争者短兵相接，互相厮打。

1994 年韩国发行的双叉犀金龟小型张上，生动地展现了两虫相斗的情景（图 6.9）。2005 年亚美尼亚发行的邮票上的欧洲胭珠蚧，雌性无翅，似乎一直保持幼期姿态，固定不动，只会吸食树汁、产卵繁殖。求爱的事全靠雄性奔波，因为它有翅能飞，形态和雌性大相径庭（图 6.10）。2000 年马来西亚发行的邮票上的华网基色蟌，两性体色明显不同（图 6.11）。

图 6.8

图 6.9

图 6.10

图 6.11

在自然界，偶尔还会出现极少量的雌雄嵌
合体昆虫，这是在昆虫生长发育过程中极其偶
然的现象。如1973年巴拉圭发行的蝴蝶邮票中
的小蓝闪蝶，右边是闪光的雄性翅膀，左边是
多彩的雌性翅膀（图6.12）。

昆虫有很多"爱情生活"，两性间先"暗
送秋波"，有的雌虫主动抛出"绣球"，寻找
"如意郎君"。交配方式大多十分经典，温文
尔雅。1984年乌干达发行的蝴蝶邮票中，两只
蓝矩蛱蝶正在面对面地"说爱谈情"（图6.13）。
1999年坦桑尼亚发行的蝴蝶小型张中，雄性蛱
蝶用抱握器夹住雌性蛱蝶的腹部末端，交配已
正式开始（图6.14）。1973年几内亚发行的昆
虫邮票中，一对正在交配的长足瓢虫，它们向
背而立，连接得很紧密（图6.15）。1988年毛
里塔尼亚发行的昆虫邮票中，一对苦瓜裂臀瓢虫

图 6.12

图 6.13

图 6.14

图 6.15

图 6.16

图 6.17

图 6.18

图 6.19

已经"分手"，雌性迫不及待地在产卵（图 6.16）；1989 年毛里塔尼亚发行的邮票上，一对蝗虫交配刚刚结束，雄性还在背上。雌性已将一堆卵产在土里了（图 6.17）。

蜻蜓和豆娘的交配方式非常奇特，"度蜜月"像耍杂技。2000 年马来西亚发行的蜻蜓邮票中，描绘了这两类昆虫的交配姿态（图 6.18）。原来雄蜻蜓交配器官生在腹部第 2 节上，事前它弯起腹部，将精子装入其中，交配时用肛附器（抱握器）夹住雌虫颈部，当雌虫把腹部末端伸向雄虫交配孔时，授精便在它们的"婚飞"中完成了。蜻蜓特异的交配方式，也为我们识别性二型昆虫提供了便利。

3. 昆虫的食谱

连天的芳草和遍树的花果，是多数昆虫的食物资源。但昆虫种类繁多，食谱也千变万化。2001 年塞尔维亚发行的邮票上，一只草地白斑弄蝶的幼虫正在用咀嚼式口器蚕食叶子，然而成虫却瞄准了花朵，因为它的虹吸式口器只

能采食花蜜（图 6.19）。1993 年比利时发行的
邮票中，一只优红蛱蝶则另有选择，它正津津有
味地从梨子中吸糖水（图 6.20）。1987 年瓦努
阿图发行的邮票中有一只落叶夜蛾，它能用喙锉
开果皮吸取营养（图 6.21）。1985 年马达加斯
加发行的邮票中，斜线天蛾能伸出很长的喙，在
各种形状的花冠中吸蜜（图 6.22）。1987 年斯

图 6.20

威士兰发行的邮票中，蛱蝶在地面喝泥浆水。泥浆水甚至粪水可以补充蝴蝶体
内盐分（图 6.23）。已经从泥浆水中获得盐分的雄蝶，还会把它存进附腺中，
在交配时贡献给雌蝶。

　　蝗虫口器中有一对发达的上颚，成群的贪食者，可在短时间内吞噬大片庄
稼。1995 年马达加斯加发行的邮票中，蝗虫正在开动口器扫荡玉米，其速度
之快，令人惊心动魄（图 6.24），1956 年罗马尼亚发行的害虫邮票中，一只
五月鳃金龟在叶片上已经咬出几个孔洞（图 6.25）。1994 年以色列发行的甲
虫邮票上，下面的附票中普星花金龟正在享用鲜嫩的花朵（图 6.26）。

图 6.21

图 6.22

图 6.23

图 6.24

图 6.25

图 6.26

步行虫的菜谱则是活虫，特别是鳞翅目幼虫。1980 年古巴发行的昆虫邮票中，一只步甲生擒毛虫，以便美餐一顿（图 6.27），而 1996 年突尼斯发行的邮票中，可以领略七星瓢虫捕食蚜虫的风采（图 6.28）。

在草原上或牧场里，消灭畜粪的清道夫，非屎壳郎和粪金龟莫属。它们不但就地化解粪便，还有收藏和贮存的习惯。1995 年芬兰发行的昆虫邮票上，边纸上一只粪堆粪金龟已经做好足够"后代"取食的粪球，如果运输途中遇到拦路抢劫的，可能还会发生一场抢夺粪球的争斗（图 6.29）。1994 年马达加斯加发行的甲虫邮票，第一枚就是一只绒毛埋葬虫（图 6.30）。这种甲虫专门取食动物尸体，而且比蝇蛆讲卫生，它们总是先埋葬尸体，以后再与腐肉一起吃光。

在新喀里多尼亚发行的天牛邮票中，两头幼虫正在蛀食树干，它有纤维素消化酶，能消化木材（图 6.31）；而金龟甲的成虫，虽然也有强大的上颚，却只能咬破树皮，吸点流淌的汁液（图 6.32）。

图 6.27

图 6.28

图 6.31

图 6.30

图 6.29

图 6.32

图 6.33

图 6.34

图 6.35

许多有吸收式口器的昆虫，动物的血液和植物的汁液是它们的精粮和饮料。1982 年土耳其发行的邮票上，蝉用口针刺入树枝，吸取汁液。就像用吸管喝饮料（图 6.33）。1963 年加蓬发行的邮票上，一只舌蝇用它的口针在叮人吸血（图 6.34）。1978 年波兰发行的媒介昆虫邮票中，显示的是蚊子叮咬时，吸取血中的红细胞。如果雌蚊没有这顿营养丰富的饱餐，它的卵巢将无法发育（图 6.35）。

4. "虫虫！飞啊飞！"

"虫虫，虫虫！飞啊飞！"一句古老的童谣，使人憧憬飞行的自由和悠闲。但昆虫的飞行并非轻而易举。昆虫用于飞行的翅膀都是宽大柔软的膜质翅，依靠气管网络组成的翅脉作为骨架，才避免了折翅丧命的危险。自从昆虫翱翔于蓝天开始，这种翅膀就承载了无数的生命，它们在地球上扩展空间，纵横驰骋数亿年。

蜻蜓的飞速，可谓飞虫之冠，每小时超过 57 km，而且姿态优美，动作复杂多样。2002 年荷属安的列斯发行的蜻蜓邮票上，蜻蜓的一对翅膀稍稍向前合拢，飞行速度顿时就降了下来，在芦苇上来个稳稳地软着陆（图 6.36）。

图 6.36

图 6.37

图 6.38

图 6.39

但振翅频率最高的并非蜻蜓，而是双翅目和膜翅目昆虫，它们翅膀的振动速度，每分钟超过 2 000 次。1992 年文达发行的小型张中，一只黄斑蜂在花前作原地高速振翅（图 6.37）。

2005 年斯威士兰发行的红蝗邮票中，可以看到它用跳跃足腾空而起和远走高飞的情景（图 6.38）。群居的蝗虫起飞是成千上万个体的集体行动。它们受到激素的控制，互相之间有复杂的信息联系，饕餮饱食，积聚能量。从非洲起飞的蝗虫，向北可以飞过地中海到达欧洲，向东可以飞过红海登陆阿拉伯半岛和西亚。它们铺天盖地而来，饥不择食地吃。蝗虫迁飞个体之多、距离之远在昆虫世界中是首屈一指的。1988 年毛里塔尼亚发行的邮票上可以看到蝗虫降落的姿态（图 6.39）。

但最著名的远距离、有规律迁飞的昆虫当属北美的黑脉金斑蝶（帝王斑蝶）。1995 年加拿大发行的迁飞动物邮票中，黑脉金斑蝶和带翠鸟并驾齐驱，它们每年都在墨西哥到加拿大之间来回飞翔（图 6.40）。从 2005 年巴巴多斯发行的小型张中可以看出，每年 11 月初它们在墨西哥中部米却肯州的蝴蝶谷

图 6.40

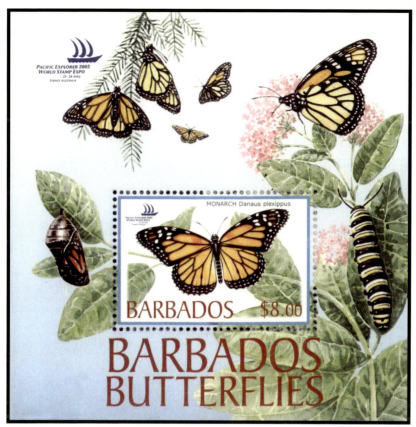

图 6.41

和美国南部的冷杉上越冬；春天它们飞回加拿大，幼虫取食乳草成长，秋季来临，再返回墨西哥（图6.41）。1988年墨西哥发行的黑脉金斑蝶邮票，生动地记录了它的形状、越冬情景和迁飞姿态。特别是南飞时，它们翩翩而来，姿态优美，是一道引人入胜的风景线（图6.42）。强大的飞行力，能帮助昆虫冲破海洋和高山的地理阻隔。

图 6.42

有 20 个国家发行了小红蛱蝶邮票，邮票数量超过 30 多枚，其原因就是它有超强的飞行能力，早已扩散到世界各地。据记载，它能从北美飞到冰岛，直线距离 6 436 km。1991 年巴巴多斯在参加日本东京举办的世界邮展时，以小红蛱蝶为主图发行了小型张，并说明这是世界上分布最广泛的种类，也是两国共有的蝶种（图 6.43）。用如此能飞的蝴蝶来代表两国之间的经济文化交流，可谓独具匠心。

通常鞘翅目昆虫在飞行时先打开前翅，依靠扇动后翅获得动力。但是赞比亚发行的邮票上的红点花金龟被画成图示样子（图 6.44），显然是一种错误！因为花金龟不同于其他甲虫，飞翔的时候前翅并不张开，只是将后翅从鞘翅基部伸出。

5. 昆虫的社会生活和营巢

在昆虫世界中，绝大多数成员都是来去匆匆的过客，它们以四海为家，居无定所。有的寿命稍长，会选择适宜的地方隐蔽自己。只有膜翅目昆虫才为"生儿育女、养家糊口"建造真正的"窝"。

1986 年尼日利亚发行的昆虫邮票中，一只胡蜂正在咀嚼树枝，并将这些碎屑带回，加固带包被的纸质蜂巢（图 6.45）。1995 年老挝发行的昆虫邮票中，

图 6.43

图 6.44

图 6.45

图 6.46

图 6.47

图 6.48

图 6.49

图 6.50

一只蓝紫木蜂已经在树干上凿开两个圆孔（图 6.46）。蜾蠃用泥土建筑各种形状的巢，1985 年新加坡发行的邮票上，南洋蜾蠃将巢做成陶桶状，所以这种蜂的英文俗名为陶匠蜂（potter wasp）（图 6.47）。1987 年尼日尔发行的邮票上，非洲蜾蠃瓶状的巢更像是陶匠的作品（图 6.48）。与蜾蠃相比，马蜂的纸质巢则更加高级，1978 年莱索托发行的邮票中，展示了拉马蜂正在筑巢的情景（图 6.49）。1992 年蒙特塞拉特发行的昆虫邮票中，两只中美马蜂在建筑精致的蜂巢，它们咀嚼植物纤维，做成鞣质的纸样物质，用这种材料筑成一个个六角形的蜂房。它们有造纸工人的技术，因此有造纸胡蜂（paper wasp）的雅号（图 6.50）。

　　昆虫纲中营社会生活的种类虽然不算很多，但个体数量占绝对优势。蜜蜂和蚂蚁都营社会生活，建设固定的巢穴。蜂类会用胶和蜡做材料，制作精致的蜂巢。它们的巢结构非常合理，用料十分节省，其大小随社会性程度和群体的稳定性而异，是动物建筑之一绝。2002 年白俄罗斯发行的红林蚁的小型张中，边纸上展现了林间蚁冢（蚁巢）的景观。这种蚂蚁在地下筑巢，多余的沙土堆积成土丘。两枚邮票展示了巢内的结构，以及卵、幼虫和蛹（在茧中）分别居

图 6.51

住的情况（图6.51）。2000年美国发行的保护自然·中西部大草原小版张中，显示了一个从天空到地下的景观。结实的黏土层中，有入土很深的蚁巢，邮票上描绘的虽然只是局部，但从中可以见到一些存放幼虫、蛹和粮食的小室（图6.52）。1965年希腊为储蓄50周年发行的邮票中，善于贮存食物的蚂蚁正在巢穴的洞口忙碌（图6.53），洞口周围隆起，可防水浸入。万一发生意外，巢穴的安全性如何保障？ 1962年民主德国发行的保护濒危动物的邮票中给出了答案，工蚁首先搬走蛹和幼虫，蚁王也会出逃，举家迁徙（图6.54）。

　　白蚁在土中筑巢，地上构筑蚁塔。1972年赞比亚发行的自然保护年的邮票中，正在觅食的野生蜜蜂背后就是一个高耸的白蚁蚁塔（图6.55）。这种蚁巢不仅高大，而且十分坚固。材料是工蚁用黏土和唾液混合制成的"高级水泥"。每建造一个蚁塔，就有成千上万只工蚁参与，历时数年才能完成。巢内还有复杂的通风调温系统，以及不同功能的居室。住在里面的蚁群，有蚁后和雄蚁，形成名副其实的"王宫"。1991年加蓬发行了富有地方特色的蚁巢邮票，其中除了上面提到的塔形（山形）蚁巢，还可以看到伞形、蘑菇形和吊笼形蚁巢，各种样式因白蚁种类和地理环境而异（图6.56）。西南非这张邮资明信片上巨大的蚁塔，高达数米（图6.57）。

GREAT PLAINS PRAIRIE

THIRD IN A SERIES

N A T U R E   O F   A M E R I C A

图 6.52

图 6.53

图 6.54

图 6.55

图 6.56

图 6.57

6．昆虫的信息交流

图 6.58

100 多年前，法国昆虫学家法布尔发现，一只关在笼子里的孔雀天蚕蛾能吸引几里路外的雄蛾。他在十分惊奇的同时，就猜想昆虫的两性之间存在沟通信息的化学物质。后来这种化学物质通过许多人的长期研究得到证实，学术界称为性信息素，法布尔的这一记录出现在 1973 年摩洛哥发行的法布尔邮票中（图 6.58）。

聚集信息素将瓢虫聚在一起（图 6.59）。2008 年的瑞典发行的邮票中，蚂蚁通过信息素标记路径和通报食物的位置（图 6.60）。

图 6.59

图 6.60

昆虫交流信息的特殊语言中，最有名的是蜜蜂的舞蹈语言。侦察蜜源回巢的工蜂，用神奇的"8"字舞，告诉同伴到哪里去采蜜。这是诺贝尔奖得主弗里希的重大发现，1991年南斯拉夫为举办33届国际养蜂会议发行的邮票上，记录了这件有趣的事情（图6.61）。此外，相互碰触角也是它们交换信息的一种方式（图6.62）。

　　1989年尼维斯发行题为"夜间的歌声"小型张，其中有螽斯、蛐蛐和知了在鸣唱。并解释道：当你来到热带的林间、草地或湿地，夜间这些小昆虫和青蛙会唱歌欢迎你。其实它们是为了抢占领地和招引配偶（图6.63）。

图 6.61

图 6.62

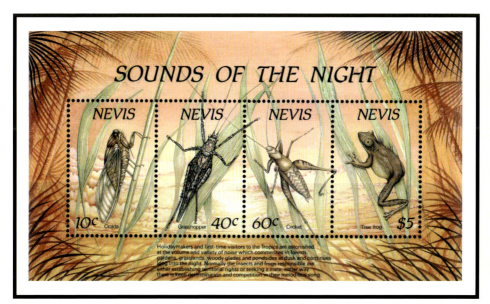

图 6.63

图 6.64

图 6.65

图 6.66

　　喜欢在夜阑人静时幽会的萤火虫，通常提着灯笼找"情人"，它们编码不同频率的闪光信号，相互对话。2005年马耳他发行的昆虫邮票上，苍白萤甲无翅的雌成虫腹部发出荧光，它告诉雄虫"我在这儿"（图6.64）。2007年中国台湾发行的萤甲邮票中，各种萤火虫都用腹部末端的发光器在发送信号（图6.65）。

　　蝗灾是千百年来困扰全世界农业生产的一大灾害，直至今日依旧在全球很多地区肆虐。飞蝗究竟是如何从密度较低的散居型逐步聚集，形成高密度的群居型，进而导致蝗虫迁飞，造成巨大危害呢？中国科学院院士、中国科学院动物研究所研究员康乐带领团队历时16年追踪研究，终于找到一种诱惑蝗虫破坏性集群的关键化学物质——4–乙烯基苯甲醚（4VA）。散居型飞蝗通过释放4VA，吸引大量飞蝗加入，进而达到聚集迁飞的结果。这一发现使得蝗灾绿色防控成为可能。2021年中国发行的科技创新邮票中就反映了这一最新研究成果（图5.66）。

7. 飞蛾扑火

　　不少昆虫习惯在夜间活动，喜欢各种各样的光。蛾子会在月光下度过安静的夜晚，鸣虫们会高奏"月光曲"谈情说爱，许多捕食性昆虫也喜欢在黑暗中行劫。1990年密克罗尼西亚发行了一套喜欢月光的蛾子邮票，其中有细巧的尖翅蛾等（图6.66）。1971年民主刚果发行的邮票中，有在月光下飞跃的布维长尾天蚕蛾（图6.67）和星光下群舞的简尺蛾（图6.68）。密克罗尼西亚发行的小型张（图6.69）中，银纹燕蛾在月光下飞翔。这种蛾子分布在澳大利

图 6.67

图 6.68

图 6.69

亚和附近岛屿上，美丽如同蝴蝶，白天访花采蜜，傍晚仍保持着蛾子爱月光的特性。

1993 年朝鲜发行的昆虫邮票上，普姬螽在新月下聆听清脆的叫唤声（图 6.70）。1998 年托克劳发行的昆虫邮票上，椰蛀犀金龟正在月光下寻找舒适的去处（图 6.71）。

许多昆虫在夜间受到强光刺激时，都显得无所适从。不管是灯光，还是火光，都会奋不顾身扑上前去，结果是"飞蛾扑火，自取灭亡"。1994 年日本发行了近代著名美术家速水御舟（图 6.72）作品。速水御舟擅长蝶蛾绘画，其成名之作《炎舞》（图 6.73）曾经在 1979 年收入《近代美术系列》邮票中，画中一群蛾子围着熊熊烈火起舞，气氛十分悲壮，反映了飞蛾扑火的壮丽场景。多米尼克发行的蛾子小型张上有众蛾扑灯的画面，邮票上还有飞蛾扑灯的文字说明（图 6.74）。

图 6.70

图 6.71

图 6.72

图 6.73

STAMPS OF INSECTS

Moths

Moths come in a wide variety of sizes and colors and can be a most fascinating creature to observe. They are basically attracted to three types of stimuli. Pheromones (a chemical that is released by other moths), light sources such as moon, fires, street lights and by food. There are literally hundreds of beautiful moths ranging in size from a fraction of an inch up to large majestic beauties and colors that range from the drab to the most intriguing hues imaginable.

$1.50 — Carilina Sphinx *Manduca sexta* — Commonwealth of Dominica

$1.50 — White-lined Sphinx *Hyles lineata* — Commonwealth of Dominica

$1.50 — Onuzah Silkmoth *Rothschildia orizaba* — Commonwealth of Dominica

$1.50 — Hieroglyphic Moth *Diphthera festiva* — Commonwealth of Dominica

$1.50 — Hickory Neck Moth *Lophocampa caryae* — Commonwealth of Dominica

$1.50 — Diva Moth *Divana diva* — Commonwealth of Dominica

图 6.74

弱肉强食的食物链

　　自从出现两栖动物和爬行动物后，昆虫遭遇的最大杀手便是蛙类和小爬虫，以后便是翼龙和鸟类。从此，天敌的威胁由地面扩展到空中。在哺乳动物中，穿山甲、食蚁兽是吃虫的专业杀手，最后连蝙蝠也加入这一行列。许多昆虫专吃植物，但也有不少昆虫爱吃同类，这并非昆虫的悲哀，而是自然界维持生态平衡的需要。

1. 昆虫之间惨烈的内战

图 7.1

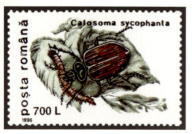

图 7.2

　　小荷尖上亭亭玉立的蜻蜓，貌似温柔，一旦发现款款飞行的豆娘，立即会凶相毕露，捕而食之。同样，体质纤弱的豆娘，自己也是蚊子的杀手。很多捕食性昆虫，都有各自的妙招。螳螂喜欢在花草之间，伺机出击。2003 年澳大利亚发行的昆虫邮票中，一只隐蔽在草丛里的绿螳螂正在"拥抱"娇嫩的豆娘，豆娘的性命危在旦夕（图 7.1）。1996 年罗马尼亚发行的甲虫邮票中，艳广肩步甲在地面搜捕到一只毛虫，立即叼在嘴中（图 7.2）。2002 年泽西岛发行的昆虫邮票中，玫瑰枝上的七星瓢虫已经觉察到前面蚜虫的

图 7.3

图 7.4

存在，它急忙去打一场歼灭战（图 7.3）。1995 年马达加斯加发行的食虫虻邮票上，食虫虻在向蝗虫颈部注射带麻药的唾液，接下来便往它身上产卵，让被俘的蝗虫虽生犹死，实在是妙招。这种用麻醉术"绑架"的事，在干旱草地上经常发生（图 7.4）。

蜂类和蝇类中有许多是寄生性昆虫，会将卵产在俘获的昆虫身上，并用激素调控它们的生长发育，利用寄主毫无前途的余生，来保证寄生物的圆满成功。1993 年荷兰为纪念瓦赫宁根农业大学建校 75 周年，发行了 1 枚邮票，邮票上的叶子右边有一只粉虱，左边是它的天敌丽蚜小蜂，这种小蜂体长不过 1 mm 左右，却能将卵产在蚜虫、介壳虫和粉虱身上，让孵化的幼虫过上寄生生活。瓦赫宁根农业大学利用天敌，实施以虫灭虫，卓有成效（图 7.5）。

图 7.5

2. 与蜘蛛的斗争

蜘蛛结网捕捉昆虫，技术非常高超，它们广布罗网，以逸待劳。1960 年罗马尼亚发行的蝴蝶邮票中，有一只鬼脸天蛾。这种天蛾个体大，飞行能力很强，经常潜入蜂巢偷蜜。当它面对直径 1 m 的蜘蛛网时，一旦被网缠住，就有翅难飞了（图 7.6）。守候在网上的蜘蛛，会先吐丝将猎物缠绕得严严实实，再分泌唾液，将其消化，然后吸它的汁液。不结网的狼蛛、

图 7.6

图 7.7   图 7.8

跳蛛和蟹蛛，也有一套快速掠杀昆虫的本领。1994 年刚果发行的蜘蛛邮票中，一只狼蛛以其敏锐的视力，纵身一跳，逮住一只苍蝇（图 7.7）。狼蛛体长 10 mm 左右，头顶的一对单眼特别大，在 20 mm 以外瞄准苍蝇，猛扑过去，总是十拿九稳。

对付阴险毒辣的蜘蛛，只有蛛蜂能出奇制胜。蛛蜂凭借快速的动作和高效的手术，屡屡会为昆虫兄弟报上一剑之仇。许多在地面游走的蜘蛛，包括身材魁梧、敢吃小鸟的捕鸟蛛，都不是它的对手。1993 年朝鲜发行的邮票上，东北蛛蜂用它的麻醉剂将一只蜘蛛制服在地。蛛蜂会把瘫痪的蜘蛛拖到巢里，然后在它的腹部产卵，并用丝封住洞口，确保蜘蛛即使苏醒也无法逃遁（图 7.8）。

3. 追捕昆虫的四脚杀手

亿万年前，青蛙和蟾蜍在草丛中、湿地上甚至树林里游荡，那时它们有用取之不尽的昆虫充饥。被子植物出现以后，地球上到处鲜花盛开，蜂飞蝶舞，昆虫与天敌之间的食物链条得到充分的延伸和发展，这种关系一直维系到今天。1995 年尼加拉瓜发行的蝴蝶小型张中，一只红斑林蛙企图捕捉美丽星灯蛾（图 7.9）。"蛤蟆吃天蛾"并非神话。为了填饱一只青蛙的肚子，会有上万只昆虫献出性命。在池塘里捕捉蜉蝣等水生昆虫，是青蛙的家常便饭。1983 年英国发行的普通小本票封面上，池中青蛙正在捕食蜻蜓（图 7.10）。青蛙知道食虫植物对昆虫有诱惑力。2006 年新加坡发行的动物邮票上，一只黑斑蛙在猪笼草旁等候昆虫光临，准备拦路抢劫（图 7.11）。

图 7.9

图 7.10

图 7.11

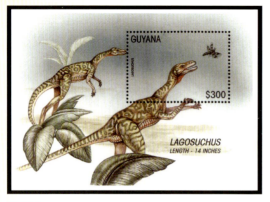

图 7.12

图 7.13

图 7.14

爬行动物中也不乏食虫的高手。1996年圭亚那发行的史前动物小型张上，一只兔鳄一跃而起，扑向飞虫（图7.12）。兔鳄的化石是在阿根廷被发现的，它生活在2亿年前的三叠纪中期，和翼龙、恐龙是姊妹。这种兔鳄个子很小，体长只有300 mm，擅长用细长的前爪捕捉昆虫。

到了三叠纪晚期，地球上开始出现了最早的哺乳动物尖齿兽（因牙齿上有小突起所以又称带齿兽）。科摩罗发行的史前动物小型张中，有猎取蛾子的大尖齿兽（图7.13）。这是一种在南非等地发现的灭绝在200万年前的化石，复原形象长100 mm左右。嘴、身体和尾巴都很长。靠捕捉昆虫为生。

恐龙早已远离昆虫而去，但捕杀昆虫依然是现今爬行动物的专长，变色龙的眼睛能灵活转向，视角极大，凭它善于攀援的脚爪和尾巴，经常在树上不声不响地寻找猎物，当长长的舌头伸向目标时，昆虫瞬间就被舌尖粘住，绝无逃脱的可能。2001年索马里发行的邮票上的变色龙，目标是一只企图飞走的甲虫，其结局当然可想而知（图7.14）。在西印度群岛上有众多的昆虫，丰富的食料养育了大量蜥蜴，最小的体长不足20 mm。1980年开曼群岛发行的蜥蜥蜴邮票上，一只新月斑蛱蝶已经受到它的威胁（图7.15）。蜥蜴有很好的视觉，不断外吐的分叉舌头又有极灵敏的嗅觉，因此，隐蔽得最好的昆虫，都难逃厄运。

图7.15

　　大尖齿兽和昆虫建立食物联系后，哺乳动物继续不断演化，贫齿类动物类中食蚁兽和穿山甲，食虫兽类中针鼹、鼩鼱和刺猬，以及少数啮齿动物，已与昆虫延续了亿万年的"猫鼠关系"。澳大利亚是食虫兽类较多的大陆，邮票上有袋食蚁兽正在津津有味地舔食白蚁，这种有袋类动物其实并没有袋，白蚁是它们泌乳育儿的蛋白来源（图7.16）。1992年澳大利亚发行的邮票中，一种食性较杂的小动物——针鼹，它那细长的尖嘴，既是搜索地下昆虫的探测器，也是采食昆虫的挖掘机，枯枝落叶下的蚂蚁在它的鼻嘴之下自然在劫难逃，连躲在土里的昆虫，也常常会成为牺牲品（图7.17）。鼩鼱世世代代以捕虫

图7.16

图7.17

图 7.18

图 7.20

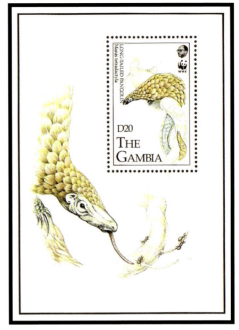

图 7.19

为生，已经 5 000 万年了，1994 年多米尼加发行的邮票中，喜欢独来独往的鼩鼱捕到一只蟋蟀，看来它将独享这份美食（图 7.18）。在非洲中部和亚洲南部，常可看到喜欢吃虫的穿山甲，它对蚂蚁和白蚁兴趣最浓。它们有灵敏的嗅觉，没有牙齿，用带黏液的舌头将昆虫卷入口中，囫囵送到胃里再慢慢消化。1992 年冈比亚发行的小型张中，可看到穿山甲正在舔食蚂蚁（图 7.19）。昆虫也是猩猩补充动物蛋白的食物，它们经常寻找合适的树枝作为工具，伸到洞里去钓白蚁。1996 年马里发行的珍稀保护动物邮票中，一只黑猩猩正在取食钓出来的白蚁（图 7.20）。

4．夜以继日的空袭

生活在高大树林中的昆虫，幼虫在树梢上取食嫩叶，成虫极少降临地面；在地面活动的昆虫，大多处于隐蔽状态，但只要稍有动作，就逃不过鸟儿敏锐的目光。1989 年圣多美和普林西比发行的蝴蝶小型张上，可以一睹六鸟啄蝶的热闹场景，其中有美丽的琴鸟、猫头鹰和棕头鸥等，它们正在共享昆虫大餐（图

7.21）。有多种鸟喜欢捕捉鳞翅目幼虫（毛虫）喂雏。如英国邮票中的青山雀（图
7.22）、瑞士发行的邮票中的红胸姬鹟（图7.23）。安道尔发行的邮票上，个
子小小的麦鹟虽然只抓到一只蟋蟀，但看来也很得意（图7.24）。1999年澳
大利亚发行的邮票中，翠鸟在树枝上展翅欲飞，去喂嗷嗷待哺的雏鸟（图7.25）。
对于大多数昆虫来说，为鸟类果腹是改变不了的命运。

图 7.21

图 7.23

图 7.24

图 7.22

图 7.25

蜂虎是可怕的飞虫杀手，它总是先等猎物起飞，再高速追上，一口咬住蜜蜂、熊蜂或其他飞虫，带回巢里去喂小鸟。黎巴嫩发行的鸟类邮票（图 7.26）中，黄喉蜂虎已经瞄准一只蜻蜓；冈比亚小型张的红喉蜂虎也捉到一只猎物（图 7.27）；金门和厦门一带，珍稀的栗喉蜂虎出现在中国台湾发行的邮票上，并有捕食和育雏两个镜头（图 7.28）。对于勤劳采蜜的蜂群来说，遭遇蜂虎是它们的灾难。

乌鸦是很聪明的鸟类，很多人都听过"乌鸦喝水"的故事。2001 年新喀里多尼亚发行的邮票上，展示了苏格兰乌鸦捉虫的特技和工具。这种乌鸦会撕下带刺的叶子，用它作钩子，把深藏在树洞里的蛀虫钓出来（图 7.29）。

许多昆虫善于晚上活动。夕阳的余晖尚未散尽，成群的蝙蝠便操着它们特有的声波，像装备雷达的强击机一般出动了。此刻，即使有隐身术的飞蛾，也只好落荒而逃，收起翅膀躲进草丛之中。但很多蛾子仍在蝙蝠口中粉身碎骨。

图 7.26

图 7.27

图 7.28

图 7.29

2008 年爱沙尼亚发行的蝙蝠邮票中，一只长耳蝠向夜蛾发出超声波，蝙蝠和昆虫的生死游戏就是这样开始的（图 7.30）。1987 年比利时发行的邮票上的蝙蝠，对落入草丛的蛾子穷追不舍（图 7.31）。2001 年南非发行的蝙蝠不干胶邮票中，长耳蝠丢弃蛾子翅膀，只吃它的身体（图 7.32）。夜蛾在反蝙蝠的追截过程中，会利用多种"高科技"手段，如用胸腹间的听器接收超声波，用身上的绒毛吸

图 7.30

图 7.31

图 7.32

图 7.33

收超声波，用足上的振动器干扰超声波，从而逃离困境。螳螂遇到蝙蝠就没有这些技巧。1999 年萨尔瓦多发行的邮票上，鼠耳蝠正在津津有味地品味螳螂（图 7.33）。

5．水中的厮杀

　　蜻蜓、豆娘和一些其他水栖昆虫，常常吞噬比它们小的水蚤、鱼苗和蝌蚪，但在鱼和蛙长大后，就会进行报复。鳟鱼会跃出水面吞食蜉蝣，射水鱼喷出的水柱能击落离水面很高的蜻蜓。1967 年新西兰发行的邮票上的鳟鱼纵身一跃，张开大口要吞食蜻蜓（图 7.34）。1987 年民主德国发行的淡水鱼类邮票中，一

图 7.34

图 7.35

图 7.36

条肥大的鳟鱼跃出水面（图 7.35）。就这样，大批刚完成第一次脱皮的亚成虫蜉蝣，经常遭遇被吞噬的厄运。鳟鱼对蜉蝣的偏爱，也会受假蜉蝣的欺骗，落入钓鱼人的圈套。

东南亚有一种珍稀的鱼类叫作射水鱼，可以向停息在水边植物上的昆虫喷出水柱，这种水柱对远在二三米外的猎物，都能百发百中。2005 年印度尼西亚发行的保护红树林的邮票中，展示了射水鱼独特的捕虫技巧，这已经成为红树林的一大景观（图 7.36）。

6. 温柔的陷阱

在热带雨林和湿地中，有 600 多种食虫植物，如捕蝇草、猪笼草和茅膏菜等，昆虫一旦落入它们设下的陷阱，就会招来杀身之祸。食虫植物设法诱骗昆虫前来，对光顾的昆虫反应十分灵敏，一有所触动，就迅速将它们粘住，或收拢机关，使昆虫无法逃遁，然后分泌出消化酶，将昆虫消化得只剩少量残渣，溶液就被植物吸收成为营养。这些食虫植物，虽然也进行光合作用，根部也能够吸收水分和养料，但是它们大多生长在贫瘠的土壤里，只有经常捕食昆虫，补充氮素营养，才能茁壮成长，枝繁叶茂，因此吃昆虫就是它们"进补"。

2006年泰国发行的邮票上的猪笼草（图7.37）和茅膏菜（图7.38）是典型的食虫植物。1967年琉球发行的邮资明信片上，可以看到捕蝇草捕食螳螂的姿态（图7.39）。2001年美国发行的食虫植物邮票（图7.40）中，有响尾蛇瓶子草捕捉胡蜂、捕蝇草捕住蝴蝶、猪笼草诱来家蝇和茅膏菜粘住大蚊的生动镜头。这套邮票的图像真实细致，虽然只是诱捕昆虫的第一步，但告诉我们植物在昆虫面前并非都是弱者。这套食虫植物邮票在中国曾被评为最佳外国邮票。

图 7.37

图 7.38

图 7.40

图 7.39

昆虫的防卫术

面对各路杀手，昆虫随时都会遭遇杀身之祸。当然它们也有多种防御的高招，就像夜蛾对付蝙蝠，最简单的方法是寻找避难所；但是为了取食、交配和产卵，难免要暴露自己，因此施展积极的防卫技术，就成了许多昆虫求生的法宝，这显然不是昆虫的聪明和智慧，而是大自然精心选择的产物。

1. 奇妙的隐身术

在绿草和灌木中，隐藏着蝗虫、螽斯和螳螂，在树干上停息着蝉、蜻和蛾子，它们都有特制的迷彩服。1988年圣诞岛发行的昆虫邮票上，薄翅螳螂和绿树青草的颜色浑然一体（图8.1）；1978年莱索托发行的邮票上，螳螂的颜色也跟着树木枝叶变黄了（图8.2）。2002年索马里发行的邮票中，从花朵里出来的螳螂若虫酷似鲜花（图8.3）；1980年科特迪瓦发行的邮票上，绿色树干上栖息的蝉像翡翠一样（图8.4）；而2005年马耳他发行的邮票上，褐色树干上停息的是褐色的蝉（图8.5）。在众多的蛾类邮票中，可以看到许多蛾子用模拟树皮或环境来隐蔽自己，如蒙特塞拉特发行的天蛾小型张上，一只酷似树皮的南美烟灰天蛾，如果让它一动不动地平贴在老树皮上，不仅鸟和蜥蜴不易辨认，就是一般人也不容易发现（图8.6）。

图 8.1

图 8.2

图 8.3

图 8.4

图 8.5

图 8.6

2. 救命的红色警报

昆虫如何利用它身上的色彩来警告来犯者？2002 年摩纳哥发行的邮票上的豹灯蛾多半就在紧急关头突然亮出其鲜红的后翅（图 8.7）。有些昆虫会在危急时刻突然亮出翅膀上的眼斑，让前来的冒犯者"紧急刹车"。伯利兹发行的邮票上的猫头鹰环蝶（图 8.8），有人做过试验，猫头鹰环蝶翅膀上有无眼斑，在小鸟面前的防卫能力相差 62%。2000 年尼日尔发行的邮票上的刺花螳螂也有这种警戒效果（图 8.9）。1993 年叙利亚发行的邮票上的黄眼斑猎蝽，经常向捕食者亮出"黄牌"。实际上它自己也是"凶手"，它的有毒唾液能引起来犯者短时间失明（图 8.10）。

图 8.7

图 8.8

图 8.9

图 8.10

3. 造假高手的杰作

昆虫为了保护自己，有高超的"造假"技术。1998年马来西亚发行的邮票上的东方叶䗛，在雨林中就很难看出它是假叶子（图8.11）。1990年巴巴多斯发行的邮票上的异竹节虫，在树枝上用身体和附肢装扮成一段小小的枝杈，即使没有微风吹来，也会轻轻摇摆（图8.12）。如果说这种枝条只像枯枝，那么图瓦卢邮票上的竹节虫则完全像嫩枝绿叶（图8.13）。

图 8.11

琉球群岛曾发行枯叶蛱蝶邮票，这是一种大家熟知的拟态蝴蝶。它平时展开花翅膀在花丛里飞舞，在休息的时候，把翅膀合拢，一片仿真的枯叶就造好了，连叶柄和叶脉都惟妙惟肖，可以安然骗过捕食者。紧急关头，它还能掉进枯枝落叶中，逃避捕食者的搜索（图8.14）。

模仿枯叶来保全性命，并非蝴蝶的专利，1993年苏里南发行的三角形邮票上，一只枯叶蟊（图8.15），连叶上的小洞也依样画葫芦地出现在翅膀上。

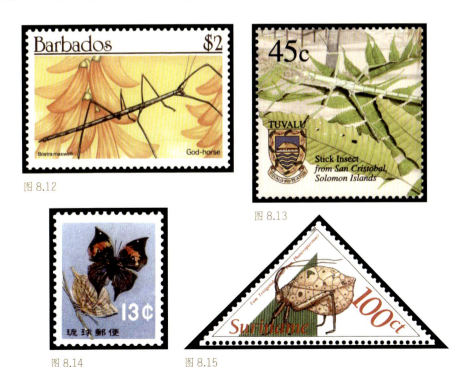

图 8.12

图 8.13

图 8.14

图 8.15

图 8.16   图 8.17

图 8.18

图 8.19

它在"造假"时，十分投入，甚至你伸手去抓，它都一动不动；但大多数蜪斯善于模仿绿叶。

昆虫的模拟防卫，最常见的是无毒的蝴蝶模仿有毒的。1995 年阿森松岛发行的蝴蝶邮票中，有两只十分相似的蝴蝶，一只是在欧、亚、非分布广泛的金斑蝶（图 8.16），另一只是分布在非洲的雌性金斑蛱蝶（图 8.17）。前者因幼虫吃有毒的萝摩科植物，从幼到老全身都带毒，小鸟吃后会头昏口麻，甚至产生呕吐，"以后别吃这类蝴蝶"成为它的终生教训，这样，冒牌货金斑蛱蝶也被天敌"赦免"了。1989 年诺福克岛发行的邮票中，描绘了有毒的金斑蝶（图 8.18）和黑脉金斑蝶（图 8.19），这两种有毒斑蝶之间互相模拟，强化了防御能力。许多袖蝶、粉蝶和凤蝶都加入假冒行列，从中受益。

1975 年格林纳达发行的邮票上展示的中美长袖斑蝶也是众多蝴蝶的模拟对象（图 8.20），如 1983 年萨尔瓦多发行的邮票上的普长袖粉蝶（图 8.21），1975 年格林纳达格林纳丁斯发行的邮票上的中美长袖粉蝶（图 8.22），1966 年委内瑞拉发行的邮票上的豹凤蝶（图 8.23）等，都通过模仿长袖斑蝶得到保护。

图 8.20

图 8.21

图 8.22

图 8.23

绡蝶也是一类有毒蝴蝶，如 1992 年圣文森特的格林纳丁斯发行的邮票中的里绡蝶（图 8.24）。它们和斑蝶也相互模拟，共同抗拒捕食者，并且形成了一种前翅长椭圆形，黑红相间，后翅椭圆形，半红半黑的"品牌"。斑蝶数量繁多，是舍身教训捕食者的开路先锋。1990 年巴西发行的蝶和鸟邮票上的雌性橙斑黑蛱蝶（图 8.25），也搞这种假"品牌"获取"平安保险"。

图 8.24

图 8.25

图 8.26

图 8.27

图 8.28

图 8.29

在马提尼克发行的邮票上有一只猩红蜂灯蛾，因模拟胡蜂和蜜蜂而得名（图 8.26）。1990 年美国发行的昆虫邮票上的食蚜蝇，捕食者误以为是蜜蜂而敬而远之（图 8.27），我们对比 1978 年南斯拉夫发行的蜜蜂邮票（图 8.28）后可以得知，它们的斑纹是多么地相近。

有些昆虫还善于制造假象，2007 年列支敦士登发行的邮票上的蜂形郭公虫，不但模拟蜜蜂的样子，还能散发蜜蜂的气味，混过蜜蜂的警卫，到蜂箱中去偷蜜，甚至猎杀蜜蜂幼虫（图 8.29）。又如一些灰蝶经常抖动后翅上细小的尾突，当鸟儿误认为是触角而迎面扑来时，它就快速向后方逃离而去，这种"误

图 8.31

图 8.30

导"屡屡让鸟儿扑空。2007 年中国香港发行的蝴蝶邮票中的豹斑双尾灰蝶如此（图 8.30），2001 年泰国发行的邮票上的银线灰蝶（图 8.31）也如此，它们都传承了同一个祖宗的策略。

图 8.32

图 8.33

4．毛虫的防卫术

　　统称毛虫的鳞翅目幼虫，是鸟类育雏的最佳食品。但它们深知自己的命运，把美丽服饰留到成年时期享用，以怪异和丑陋的形状来打扮全身，度过危险和脆弱的时期，其中凤蝶幼虫最具代表性。2003 年斐济发行的斯克梅兹凤蝶邮票中，其幼虫生长在芸香科植物上，初期是黑色的小毛虫，3 龄时虫体变得黑白相间，不粗不细，就像一粒鸟粪，能轻易地骗过鸟儿的眼睛（图 8.32）。到 3 龄后，虫体长大了，不能再模拟鸟粪，就变得浑身发绿，和叶片难以分辨。自然界模拟鸟粪的凤蝶很多，如 1999 年尼加拉瓜发行的蝴蝶邮票中，亚历山大鸟翼凤蝶的初龄幼虫，两头黑中间白，也有点像鸟粪（图 8.33）。

1973 年中非发行的鳞翅目幼虫邮票中，一只蛱蝶的幼虫，两侧布满长长的枝刺，身体紧贴在叶子背面，鸟类和蛙类一旦发现这个从未见过的家伙，可能会"不寒而栗""敬而远之"（图 8.34）。许多蝴蝶的幼虫身上有肉瘤和毒刺或体内含有毒素，使得捕食者望而却步。1996 年阿富汗发行的蛾、蝶幼虫邮票上有一种锯凤蝶，它的幼虫体表有几排长毒刺的瘤（图 8.35）。1991年圣多美和普林西比发行的锯凤蝶小型张边纸上，放大了它们的结构，捕食者吞食时会大吃毒刺的苦头（图 8.36）。凤蝶幼虫胸背有随时能外翻的臭腺。

图 8.34

图 8.35

图 8.36

图 8.37

图 8.38

图 8.39

图 8.40

1965年以色列发行的蝴蝶邮票上，有一枚引人注意的附票，画的是一只凤蝶幼虫。它在受惊时施展防卫技巧：从前胸突然翻出分叉的红色臭腺，并发出难闻的臭味，可以吓退来犯者（图 8.37）。

黑脉金斑蝶的幼虫依靠取食乳草一类植物来保护群体，这些植物体内含有强心苷，可以一直保留到成虫期，这类昆虫不可取食的"警告"，从幼虫期就开始了。1991年瓦努阿图发行的斑蝶邮票的过桥上（图 8.38），斑蝶幼虫前、中、后端的丝状突起和遍体的环纹，更容易让捕食者产生条件反射。

许多蝴蝶用保护色来隐蔽蛹，避免受天敌猎食。1985年喀麦隆发行的邮票上，有一只蛱蝶的蛹形同钻石，色如翡翠。悬挂在树叶背面，能像捉迷藏一般躲过鸟眼的找寻（图 8.39）。一些蛾子的幼虫，用吐丝结茧的办法来保护脆弱和漫长的蛹期。1968年乍得发行的邮票中，在大蚕蛾身旁，幼虫已经在茧中化蛹，可能要几个月才会羽化成蛾。由于茧质柔韧牢固，鸟儿见了也无可奈何（图 8.40）。

春蚕吐丝——小昆虫的大产业

　　我国先民在 7 000 多年前就开始栽桑、养蚕、缫丝、织绸。在汉代，绫罗绸缎已经远销西域和罗马，并催生了沟通东西方贸易的"丝绸之路"。丝绸服饰高贵、华丽、柔软、轻盈，在古代，其宝贵程度胜过黄金。历史上东罗马帝国和波斯因争夺丝绸，曾经连续多年大战。小昆虫造就了影响世界的大产业。

　　延续了千万年的养蚕业，遭受过自然灾害的破坏、多少次战争的摧残、近代人造丝的冲击，仍一直保持着顽强的生命力。为创造人类文明，为美化我们生活，可爱的蚕宝宝们，吐丝不尽，生命不息。

1. 会吐丝结茧的蚕

　　构成养蚕业的绢丝昆虫种类繁多，主要属蚕蛾科和天蚕蛾科，少数属枯叶蛾科。全世界 80% 以上的丝是由蚕蛾科的桑蚕产出的，其丝细白、均匀，产量高，效益好。1991 年朝鲜发行的蚕学家桂应祥小全张（图 9.1），介绍了桑蚕和另外 4 种经济价值高、可人工饲养或半人工饲养的天蚕和它们的茧。其中，有原产我国的柞蚕、原产印度的蓖麻蚕，在中国、日本和朝鲜都有的半目天蚕，以及东北亚一代分布的短尾天蚕蛾。这些蚕都在野外饲养，常常受到天敌的侵害，所产的丝较粗，能织造比较厚实、挺括的面料，适合做西服，近年来，成为大众研究和追逐的对象。

图 9.1

图 9.2

图 9.3

　　世界各国发行的邮票上能吐丝的天蚕蛾有 60 多种，大多没有开发利用。1991 年博茨瓦纳发行过中非天蚕蛾幼虫邮票（图 9.2），这种幼虫当地称为摩帕尼（mopani）蚕，过去老百姓到树林里，拾取掉落在地上的空茧壳，用来抽丝搓绳，或直接用其纤维充坐垫和枕头。近年来，专门拾取老熟幼虫做牛饲料，卖蚕的收益比卖茧的高，但扼杀了摩帕尼蚕的蛹和蛾，对生态破坏很大。美洲最著名的野蚕是惜可比天蚕蛾，各国已经发行过 7 枚邮票，2008 年加拿大发行作为益虫进入邮票（图 9.3），它的翅膀展开能达 120 ～ 150 mm，有人用它的丝制作钓鱼线，因为它的强度很大，粗细适中。在亚洲，除朝鲜邮票中提到的几种天蚕蛾外，还值得一提的就是乌桕天蚕蛾，丝色艳丽，拉力很强，做成的丝绸，非常耐用，可做高级面料。在澳大利亚发行的邮票上可以看到奇怪的幼虫（图9.4）。

图 9.4

2．桑蚕的一生

农家把桑蚕当作自己的初生婴儿，不分昼夜，精心照料，因此有"蚕宝宝"这个爱称。1989年土耳其发行的邮票上可以看到蚕宝宝可爱的形象（图9.5）。桑蚕由于长期在室内饲养，已成为一种特殊昆虫，一辈子都离不开人的照看与抚育。2000年孟加拉国发行的桑蚕邮票中，表现出桑蚕特有的温顺，它只吃桑叶，能大量饲育，但适应环境的能力很差，"娇生惯养"和"弱不禁风"。幼虫老熟时在有攀附的地方吐丝结茧。一条幼虫能吐丝2～3 km，茧有白色和黄色两种(图9.6)。1970年中非共和国"国家开发与计划"邮票中，可以看到蚕食桑叶的样子，这就是"蚕食"一词的来历（图9.7）。广为传诵的唐代李商隐诗云："春蚕到死丝方尽"，然而结好茧子的蚕并没有死，正在变蛹，度过它一生的关键时刻。蚕蛾体胖翅小，翅膀已经无法承受全身的负荷，没有飞翔能力。如果说幼虫是一部吐丝的活机器，蛾子就是繁殖后代的产卵机。蚕蛾产完卵生命宣告结束。由卵度过漫长的滞育休眠时期。

图 9.5

图 9.6

3．养蚕的传说与历史

我国古代有黄帝轩辕氏教民养蚕的传说，

图 9.7

《史记·五帝本纪》中记载黄帝"淳化鸟兽虫蛾"，意思是他驯化了蚕蛾，在黄帝陵他被尊称为"人文始祖"；但也有黄帝的元妃嫘祖教民养蚕的传说。2019年我国曾发行一套《中国古代神话》邮票，其中一枚为嫘祖始蚕（图9.8）。嫘祖西陵氏居在古代四川盐亭一带，那里野蚕很多，她教百姓养蚕、抽丝；其后人在那里建立了以蚕作图腾的蜀人部落。"蜀"即"桑中虫"，也就是野蚕。以后还出现过"蚕丛"国。"蚕丛"首领"面有纵目"，有点像出土文物中的三星堆"纵目人"（图9.9）。他身着青衣，在各地推广养蚕，后世称他为"青衣神"，四川省青神县就源于此。至今蚕茧产量位居全国第一的四川，仍然简称"蜀"，足以看出与"蚕"的历史渊源。

2000年多哥发行的"中国古代科学技术成就"邮票中，有殷周青铜器上的"蚕"纹，以及南宋宫廷画家梁楷画"养蚕"的局部（图9.10）。这套邮票的附票上，有江苏徐州曹庄出土的东汉"纺织"画像砖，画中妇女在抽丝、络丝，分出经纬，上机织绸（图9.11）。类似的场景，也出现在1999年我国发行的汉画像石·纺织邮票上（图9.12）。说明我国在汉代已有许多木制机具，梭筘齐全，丝绸加工技艺相当高超。湖南马王堆出土的文物中，贵妇人辛追的

图 9.8

图 9.9

图 9.10

图 9.11

图 9.12

图 9.13

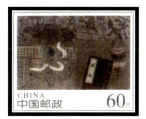

图 9.14

图 9.15

尸体用 20 层丝绸包裹，她的"素纱禅衣"只有 20 g 重。1989 年发行的"帛画"小型张上，就是辛追墓出土的织绸艺术品（图 9.13）。2000 年我国发行的"古代科技成就"邮资明信片上，"养蚕"和"织绸"分别列在"农林桑茶"（图 9.14）和"丝绸织染"中。画面反映我国从元明以后，养蚕更科学化，丝绸织造的机具日趋完善，工艺得到快速发展的情景。明代宋应星（图 9.15）的《天工开物》中，对此有系统的叙述和总结。其精华已经凝缩在 1996 年中国台湾发行的"天工开物邮票——丝织首日封"中，内有"育蚕""择茧""治丝""缫车"和"织绸" 5 个场景，都按原书插图设计绘制，真实地反映了历史原貌（图 9.16）。

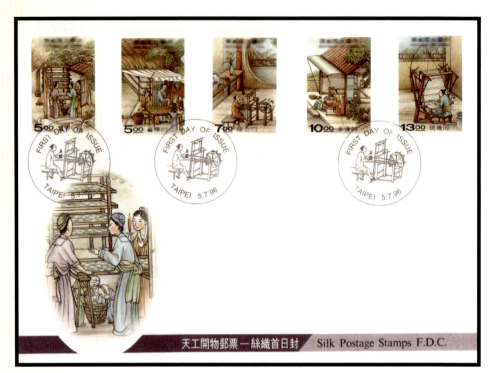

图 9.16

4. 丝的加工和利用

在公元前 12 世纪，我国的养蚕缫丝技术传到朝鲜半岛。2000 年韩国汉城邮资机符志上，复制了这种古老的缫丝方法（图 9.17）；后来蚕桑又从云南传入中南半岛。老挝在很长时期内都保留着传统的缫丝织绸技艺，1970 年发行的邮票上，有妇女抽丝、络丝和织绸的画面（图 9.18）；日本在公元前 3—5世纪开始从朝鲜传入养蚕技法，后来又直接向我国学习，进行人员和技术交流，在养蚕、缫丝和织绸方面都有长足进步（图 9.19），日本的锦缎多用作妇女服装（和服）。黎巴嫩位于西亚边缘，我国养蚕技术经过这里扩散到阿拉伯和地中海国家，从 1930 年以

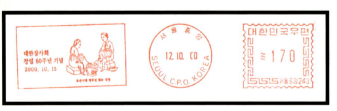

图 9.17

来黎巴嫩两次发行养蚕会议的邮票，1965年发行一套8枚的特种邮票，有蚕茧抽丝成绸的示意图，也有老人弯腰弓背织绸的情景，其织机与我国古代使用的十分相似（图9.20）。1969年保加利亚发行的"丝绸工业"邮票中，全面反映了蚕的一生和现代缫丝织绸的流程（图9.21）。

锦是最美丽的丝织品。多哥发行的"中国古代科技成就"邮票上，有我国汉代双人操作的织锦机，以及出土的汉代织锦残片（图9.22）。丝绸锦缎一直是古代王公贵族追求和享用的奢侈品。中国古代的官服也用丝绸织锦缝制，胸背各有一块金线和丝线制作的"补子"，这种制服称为"补服"。补服还流传

图 9.18

图 9.19

图 9.20

图 9.22

图 9.21

到朝鲜半岛，如 1993 年韩国发行的古代补服邮票（图 9.23），其中有供帝王用的"龙纹补子"，有一品文官用的"鹤纹补子"，等等。 1984 年我国发行的绘画邮票上唐代周昉的"簪花仕女图"中，贵夫人的丝绸服饰婀娜多姿（图 9.24）。古今中外，在服饰的雍容华贵中，都隐藏着成千上万条桑蚕的贡献。1999 年泰国（图 9.25）和 2005 年马来西亚（图 9.26）先后发行的两国王宫珍藏的丝绸织物的邮票，鲜艳华丽的锦缎，都是珍贵的历史遗产 。"旧时王谢堂前燕，飞入寻常百姓家。"当前丝绸制品大多已成为时装料子，高级丝绸料子加现代工艺，使寻常百姓的生活锦上添花。

刺绣工艺起源于我国汉代，通过丝绸之路由中国经巴比伦传到欧洲，又由修道院的修女们传入欧洲。1980 年法国"邮票日"发行的托弗利绘画"刺绣女"，表明刺绣当时已经在欧洲的少女中间流传（图 9.27）。1992 年中国台

图 9.23

图 9.24

图 9.25

图 9.26

图 9.27

图 9.28

湾发行的"故宫缂丝"邮票（图 9.28），
其缂丝是明代绘画作品的再创作，历来
都由皇宫收藏。无论刺绣、缂丝，利用
丝的色彩和光泽，塑造翎毛蜂蝶，具有
绘画无法企及的美感。尤其是缂丝，整
幅作品无底料和图案之分，浑然天成。

　　丝绸在通信和邮品制作上也有很
大的贡献。如我国清代用苏州生产的绸
缎为官府制作皇家进贺用的信封。1872
年，甘肃提督曹克忠为慈安太后祝寿，
曾经使用过这种封套（图 9.29）。将
丝混合在造纸纤维中，或在纸中直接嵌
入丝线，制造特殊的防伪标识。1840
年英国发行的马尔莱迪邮简，纸内就藏

图 9.29

图 9.30   图 9.31

有 5 根丝线（图 9.30）。丝绸正式用在邮票上，是 1958 年波兰为纪念邮政开办 400 年印制的无齿小型张（图 9.31），该邮票采用了凯岑斯基的绘画：在当年克拉科夫到威尼斯路上的"邮政马车"。这枚单色雕版印制的小型张，充分利用平纹绢绸的特点，效果简洁、清晰。虽然是首次尝试，但相当成功。近年来，中国邮政也多次发行丝绸质地的小型张，深受集邮者的欢迎。

5. 丝绸之路和丝绸贸易

我国丝绸在公元前 5—6 世纪就开始远销域外。当一些国王穿上绸缎袍子，享受东方文明的潇洒和舒适的时候，听说这些料子都出自小小的昆虫，自然会惊讶万分。大规模的丝绸贸易，从 2 000 多年前的洛阳和长安出发，随着叮当的驼铃声，走向遥远的西亚和中亚，后来又延伸到罗马，这就是"丝绸之路"。

2003 年我国和伊朗联合发行的"钟楼与清真寺"小型张边纸上，示意从长安（今西安）到波斯古都伊斯法罕的路线（图 9.32）。2005 年我国和阿富汗建交 50 周年，阿富汗发行了丝绸小型张，由浙江湖州提供高级丝绸，国家邮票印刷局用彩色胶板套印。画面上反映了古代长城和阿富汗城堡，以及驮着丝绸的骆驼队（图 9.33）。蚕儿吐出千丝万缕，牵动人们离妻别子，跋涉在茫茫荒漠和浩瀚戈壁之中。

图 9.32

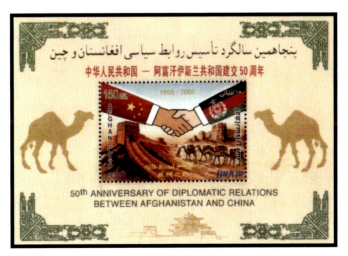

图 9.33

图 9.34

图 9.35

图 9.36

图 9.37

2018 年中国邮政发行了一套 4 枚《丝绸之路文物》特种邮票，其中一枚为"汉·鎏金铜蚕"（图 9.34）。1984 年出土于陕西省石泉县前池河，全身首尾共计 9 个腹节，胸足、腹足、尾足均完整，体态为仰头吐丝状，制作精致，造型逼真，为国内首次发现。陕西省石泉县古代养蚕业就很兴盛。由于当时养蚕之风盛行，加之鎏金工艺的发展，因此，有条件以鎏金蚕作纪念品或殉葬品。

1992 年我国发行的"敦煌壁画"邮票上，再现了许多风尘仆仆的西域使者，他们带着文化和友谊，穿梭在这条连接东西文明的丝路上（图 9.35）；公元 551 年，南朝梁元帝时期，两位景教僧侣来到我国。他们偷偷将蚕种（卵）藏在竹仗内，朝着君士坦丁堡走去，从此打破了我国朝廷垄断和封锁多年的桑蚕资源和养蚕技术。1982 年土耳其发行的"欧洲历史上重大事件"邮票上，这条丝绸之路一直延伸到君士坦丁堡，并且展示了经历千年风霜的苏丹罕驿站（图 9.36）；2001 年发行的邮票上，又展示了阿夫欣（Afsin）和孔亚（Konya）两个驿站（图9.37），虽然有点苍老荒凉，但是当年的辉煌依稀可见，给人无尽遐想。在日本邮票上，展现了保留在奈良寺庙里的唐三彩，骆驼上驮着身着胡服、手弹琵琶的商人，好像随之而回的驼队就跟在他的后面（图9.38）。1985年我国发行了"郑和下西洋五八○周年"邮票，邮票中郑和沿着海上丝绸之路来到阿拉伯国家，向苏丹赠送丝绸产品（图9.39）。

在现代科学技术兴起以后的西方国家，丝绸工业不断提升。法国有名的里昂第五织丝厂，生产丝绸机器，出现过使用FRD厂名的凿孔邮票（图9.40），新西兰的著名丝绸品牌厂家Strang & Co., 则将广告印在了邮票背面（图9.41）。

图 9.38

图 9.39

图 9.40

图 9.41

6. 养蚕和丝绸的研究

图 9.42

在东罗马帝国和波斯的丝绸大战之后，12 世纪君士坦丁堡的丝织工人被俘虏到罗马，从此缫丝和制绸技术进入欧洲。后来意大利成为欧洲的蚕丝中心，有关研究和交流也陆续得到发展。17 世纪意大利人马尔比基研究蚕体解剖，发现颇为特殊的排泄器官，后人为了怀念他的功绩，把昆虫的排泄器官统称为马氏管，此事一直为昆虫学界和蚕学界津津乐道。1978 年意大利为他发行了邮票（图 9.42）。桑蚕到了欧洲，"不服当地水土"很容易患病。意大利微生物学家巴希孜孜不倦研究病蚕，发现危害蚕的白僵菌，首次证实人和动物的许多疾病是由病菌引起的。1952 年意大利召开微生物学会议时，发行了纪念巴希的邮票，邮票两边都是他的研究对象：蚕的幼虫、蛹、茧和蛾。当然，他对微生物学和病理学的贡献，已经超出蚕学范围（图 2.25）。19 世纪中叶，法国桑蚕微粒子病大为流行，蚕丝产量锐减 80%，后来流行到欧洲和亚洲许多国家。法国微生物学家巴斯德经过 5 年的潜心研究，在 1870 年发表著名论文《蚕病研究》，阐明了病原，提出了检疫和消灭带菌蚕卵等一系列措施，才拯救了当时的蚕业危机。1973 年法国发行的巴斯德纪念邮票，邮票中展示了包括微粒子在内的多种病原微生物和他使用的显微镜（图 9.43）。20 世纪中叶，丝绸和合成纤维发展迅速，为美化民众生活作出了很大的贡献。1965 年比利时发行的邮票上记录了那个年代的时尚（图 9.44）。

1991 年朝鲜发行了蚕学教授桂应祥的邮票（图 9.1）。1930 年廖仲恺夫人何香凝创办仲恺农工学校（图 9.45），设立蚕桑专业，聘请旅日朝鲜蚕学家桂应祥来华主持有关蚕桑方面的教育和研究工作。桂应祥同时还兼任中山大学教授，与我国专家一起培育了许多优良蚕种。第二次世界大战以后，桂应祥回到朝鲜，对桑蚕和几种野蚕做了很多研究，功勋卓著，荣获"劳动英雄"称号。

如今我国蚕与丝的研究已有长足进步，许多领域属世界先进水平，丝绸出口贸易占世界首位。

图 9.43

图 9.44

图 9.45

人类最小的家养动物——蜜蜂

蜜蜂是昆虫纲中社会化程度最高、行为最复杂的一员。它以群体的生存方式获得超人的成就。蜜蜂是最小的人类家养动物。养蜂业不占耕地，它供应我们蜂蜜、蜂胶和蜂王浆等多种蜂产品，还为农作物传粉，既使农业增产，又为蜂农创收。

1. 养蜂的起源与传播

在西班牙西北部巴伦西亚比科普的地方，发现阿尔塔米拉洞窟里，有 0.7 万～1 万年前古人用红石粉绘就的壁画，画中一位女子攀绳提桶，去探蜂巢取蜂蜜。1975 年西班牙发行的绘画邮票记录了这幅珍稀作品（图 10.1）。1972 年英国为纪念发现图坦卡蒙法老墓 50 周年，发行了一枚邮票，邮票中有手执鱼叉的年轻法老，身后有 3 000～5 000 年前的蜜蜂和蜣螂等象形文字（图 10.2），说明早在几千年前人类就已经开始取食蜂蜜。罗马神话中有养蜂专家布提斯的故事，在希腊神话中说农神阿里泰俄斯发现蜂蜜，教人养蜂技术。还有位名叫

图 10.1

图 10.2

得墨忒尔（Demeter）的丰收女神也管养蜂事业，人们经常用牛羊、蜂房来祭祀她，希望她恩施更多的蜂蜜，带来五谷丰登。1891—1894 年尼加拉瓜发行的邮票和邮资明信片上，多次出现丰收女神得墨忒尔，以及蜜蜂和蜂巢（图 10.3）。《圣经》中说道，以色列是"流淌牛奶和蜂蜜的地方"。这句古老的话，被以色列印在了 1983 年发行的蜜蜂邮票的附票上（图 10.4）。

公元前 300 多年的亚里士多德对昆虫分类和蜜蜂有过很多研究，他摒弃了蜜蜂出自牛尸的说法，并提出了防止分蜂的办法（图 10.5）。地中海沿岸和阿拉伯半岛许多地方古老的养蜂技术，一直保留到现代。1758 年林奈（图 10.6）将西方蜜蜂命名为 *Apis mellifera*，意思是酿蜜的蜂。意大利的蜜蜂有许多优良品质，后来各地称这种蜜蜂为意大利蜂。1819 年几箱意大利蜂跟随英国流放的犯人被运进悉尼港，养蜂成为当地的一道风景线。1850 年新南威尔

图 10.3

图 10.4

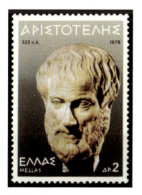

图 10.5

图 10.6

图 10.7

图 10.8

图 10.9

士发行的悉尼风情邮票（图 10.7），反映了澳大利亚养蜂的开始，这就是最早的养蜂邮票。在中国，养蜂和食用蜂蜜已经有上千年的历史，在《周礼》上就有吃蜂蜜和蜂子的记载（图 10.8）。明代李时珍（图 11.13）、宋应星（图 9.15）、徐光启（图 10.9）等对蜜蜂的形态和生物学开始有所接触，并总结了一些养蜂和利用蜂产品的经验。随着西学东渐和东西贸易的发展，意大利蜂和新法养蜂从 1912 年开始进入我国。

2. 蜜蜂的种类

蜜蜂种类繁多，邮票上能见到的蜂种，根据拉丁学名，归纳为西方蜜蜂（图 10.10）、东方蜜蜂（图 10.11）、黑大蜜蜂（图 10.12）、大蜜蜂（图 10.13）、黑小蜜蜂（图 10.14）、小蜜蜂（图 10.15）和沙巴蜜蜂（图 10.16）等 9 个种。

西方蜜蜂起源地中海一带，除西方蜜蜂意大利亚种（图 10.17）外，还有许多亚种，如西非亚种（图 10.18）、东非亚种（图 10.19）、卡尼鄂拉亚种（图 10.20）和喀尔巴阡亚种等，在各地少有饲养，在邮票上也不易见到。一种卡尼鄂拉蜂的杂交后代，在俄国称欧洲黑蜂，19 世纪末传入我国东北，最早在一个火车站附近大量饲养，该火车站称为蜜蜂站，后来变成尚志市的蜜蜂村（图 10.21）。几经杂交改良，黑蜂掺进了意大利蜂的基因，成为独特的东北黑蜂，现在是我国的保护品种。当前世界各地普遍饲养意大利蜂，由于它的适应性好，

图 10.10

图 10.11

图 10.12

图 10.13

图 10.14

图 10.15

图 10.16

图 10.18

图 10.17

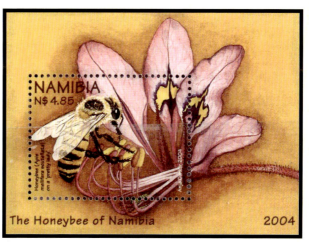

图 10.19

图 10.20

图 10.21

图 10.22

繁殖力强，而且产蜜量高，因而受人欢迎。西方蜜蜂东非亚种生活能力更强，产蜜量比较高且极具攻击性。1956 年巴西教授科尔将其引入南美，一次偶然机会外逃，成了当地攻击性极强、骇人听闻的"杀人蜂"。

在亚洲，主要是东方蜜蜂，其中有中华亚种（图 10.22）、爪哇亚种（图 10.23）、印度亚种（图 10.24）和日本亚种（图 10.25）等。这些蜂种适应性强，传粉能力也很突出；但在意大利蜂入侵以后，这些蜂种的生存和繁殖空间受到挤压，并时常遭受盗蜜和干扰交配等情况，已经面临濒危状态。例如，中华蜜蜂在我国有悠久的历史，"不论平地与山尖，无限风光尽被占"，清朝皇家贵族每年消耗蜂蜜 5 000 kg，都是长白山地区本地蜂所产。但现在种群数量已经由过去 500 万群减少到不足百万群，将来的情况更难预料。

3. 奇特的超个体生物

蜜蜂有一个典型的母系社会，也可以理解成一个奇特的超个体生物。当一般生物向多细胞方向进化的时候，它选择了有性个体和无性个体分离，统一指挥和职务分工相结合的发展模式，并且取得了成功。

1990 年瑞典发行的蜜蜂折扣邮票（国家定期供应民众的优惠邮票）小本票封面（图 10.26）中可以看到大批蜜蜂从巢中"蜂拥"而出，声势浩大。通

图 10.23

图 10.24

图 10.25

图 10.26

图 10.27

常一个蜂群有 2 万 ~ 5 万个体。1997 年比利时发行的邮票中，展示了蜜蜂的卵、幼虫和蛹的形态（图 10.27）。

工蜂是有性生殖产生的雌性个体，其功能似蜂群的体细胞，寿命只有 3 ~ 5 周。它的幼期营养不如蜂王，成虫期间性腺又受信息素的抑制，没有生殖能力。2001 年乌克兰发行的蜜蜂小全张（图 10.28）中，两枚邮票中画出了两类职能不同的工蜂；右边是从事内勤的年轻工蜂，它们哺育幼蜂、照料蜂王和从事其他内勤；左边是寿命大于 15 天的工蜂，外出采花蜜和花粉。工蜂不但能发现和记住蜜源，更神奇的是它能回巢，还会通风报信。1991 年南斯拉夫发行的邮票

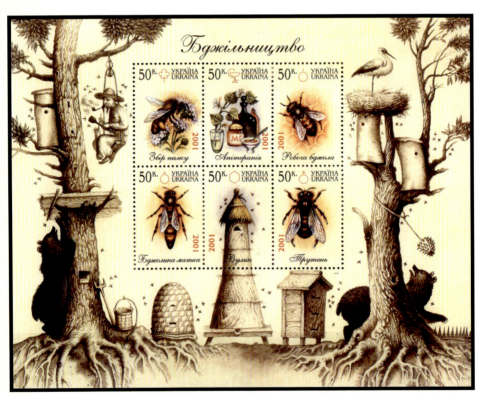

图 10.28

中，两只回巢的蜜蜂，正在用它们特有的舞蹈语言，告诉同伴蜜源在何处（图5.61）。1973年尼日尔发行的蜜蜂邮票（图10.29）上，有经纬线的东半球和西半球告诉我们，蜜蜂认知蜜源地和回巢路线，也参考太阳位置、天空的偏振光和地面的景物，可能和地磁感受有关。天和地都是它们认路的坐标，并且用体内的计时器来校正太阳坐标。瑞典折扣邮票，从左到右勾画了工蜂采蜜的工序：外出采花蜜和花粉—果子上采集蜂胶的原料—看着地面和天空回巢—进入蜂箱—将花粉和花蜜交给巢内工蜂加工酿蜜（图10.30）。2005年朝鲜发行的蜜蜂邮票中，详细地描绘了工蜂酿蜜、照看蜂王和喂养幼虫的情景（图10.31）。2001

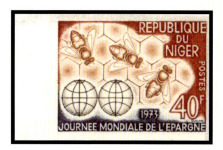

图 10.29

图 10.30

图 10.31

图 10.32

年阿根廷发行的蜜蜂邮票（图 10.32）上，有经验的老工蜂正在带领小工蜂到车轴草花上采蜜，年轻的工蜂不但善于学习，而且有很好的记忆力。工蜂在巢内有时还要扇动翅膀，调节巢温和散发信息素（图 10.33），以及保卫蜂巢，消灭入侵者（图 10.34）。1995 年阿尔巴尼亚发行的邮票（图 10.35）上，巢脾中有几种不同颜色的巢房，内中白的是老熟幼虫，黑褐色的是蛹及其封盖，黄色的是贮存花粉的巢房，暗红色的是装满蜂蜜的巢房。工蜂们将各类蜂房管理得有条不紊。初龄工蜂，腺体分泌能力旺盛，其专门腺体能分泌王浆，哺育幼蜂。对初生的工蜂或雄蜂，几天后就改喂花粉和蜂蜜。只有蜂王才能终生享用王浆。1983 年阿曼发行的养蜂邮票上，可以看到巢脾下方已经有几个王台。一般王台中先羽化的处女蜂会设法消灭后羽化的处女蜂而"独步天下"（图 10.36）。

图 10.33

图 10.34

图 10.35

图 10.36

图 10.37

图 10.38

图 10.39

图 10.40

　　雄蜂是未受精卵发育产生的个体，这个秘密最早是波兰人齐从在 1845 年揭开的（图 10.37）。雄蜂个体虽然较大，但寿命只有 2～4 周。1771 年南斯拉夫人扬沙（图 10.38）发现雄蜂唯一的任务是在婚飞时与蜂王交配。一只雄蜂交配一次就能供应上千万个精子。1987 年波兰发行的养蜂业邮票上，雄蜂头上的标志是一个紫色的宝盒（图 10.39），"蜂王"的标志便是王冠（图 10.40），它通过信息素支配工蜂和雄蜂，成为一个超个体的"统帅"；它又是蜂群性细胞的载体，蜂群的遗传物质通过它一代一代往下传。蜂王在交配后，返回巢中，便开始不停地产卵，寿命可达 3～5 年。1995 年阿尔巴尼亚

图 10.41

图 10.42

图 10.43

图 10.44

发行的蜜蜂邮票上，腹部深入巢房内的蜂王正在产卵（图 10.41）。2002 年泽西岛发行的蜜蜂邮票的边纸（图 10.42）显示，每个房只产 1 粒卵，一天能产1 000 ~ 2 000 粒，孵化出来的工蜂，陆续替代衰老、死亡的工蜂。经过交配的雄蜂，眼看就能成为千万头工蜂的父亲，可是蜜蜂社会"世态炎凉"，回巢后工蜂们给它的"礼遇"是断绝口粮，驱逐出巢；同样，如果蜂王体弱病残或接近衰老，工蜂就建造应急王台，培育新王，迫其"下台"。

蜂群的繁殖只有通过分蜂才能实现。老蜂王到一定的时候，就带领一群工蜂进行分蜂，将老巢留给处女蜂。要出走的工蜂先吸饱蜂蜜，再留下足够的"粮食"和"姊妹"，然后跟着老蜂王离去，在附近某个地方集结。1990 年瑞典发行的邮票上，成团的蜜蜂正是分蜂的开始。接着，有经验的工蜂四处寻觅新址再建新巢（图 10.43）。1985 年莫桑比克发行的邮票上，一只蜂王可能已经发出信息，等候附近聚集的工蜂转移过来（图 10.44）。但结局总是像 1997

图 10.45

年比利时发行的小本票封面上出现的那样，养蜂人将蜂王"擒回"，所有工蜂们便统统跟着回去。分蜂的结果，保留了一个老蜂群，增加了一个新蜂群（图 10.45）。

4. 奇妙的蜂房与精巧的蜂箱

蜂房是蜜蜂的粮库和育婴房。大量排列紧凑的蜂房组成巢脾。若把蜜蜂作为一个超个体生物，巢脾就是一个兼具代谢和生殖功能的器官。

蜂房由工蜂腹部的蜡腺分泌的蜡构筑而成。1989 年塞浦路斯发行的邮票上，可以看出形状十分规范的蜂房（图 10.46）。每间蜂房都呈大小一致的六角形，底部则由 3 个等边菱形组成，既节约材料，又充分利用空间。巧夺天工的蜂房结构，不知道蜜蜂是如何计算和施工的。古今许多名家都研究过蜂房的结构，但一直使人困惑难解。我国数学家华罗庚就研究过巢脾和蜂房结构，还发表过相关研究论文（图 10.47）。1965 年罗马尼亚发行的养蜂会议邮票上，

图 10.46

图 10.47

有模拟六角形蜂房的会议厅（图10.48）；1987年发行的养蜂邮票上，有模拟巢脾的养蜂研究所大楼（图10.49），这些建筑都是人类向蜜蜂学习的成果。

　　野生蜜蜂的巢脾，大多选择在挡风避雨的洞穴内（图10.50），一个蜂巢由几个巢脾组成；建造在树洞内的巢脾，常常会引来黑熊或棕熊上树偷吃蜂蜜（图10.51）。人类早期养蜂仅仅帮助蜜蜂在树洞中营巢，这样可以收获较多的蜜。乌克兰发行的养蜂小全张（图10.28）的边纸上，非常风趣地描绘了狗熊和老人斗智取蜜的场景。

　　随着人类对蜂蜜需求的增大，养蜂人制造了各种蜂箱，供蜜蜂建造巢脾使用。传统的蜂箱多用草编成圆锥形（图10.52）。19世纪80—90年代德国德累斯顿私人邮政多次发行印着草编蜂巢的邮票（图10.53）和邮政用品。2002年埃塞俄比亚发行了两套邮票，介

图10.48

图10.50

图10.51

图10.49

图10.52

图10.53

绍各式各样的传统蜂箱（图 10.54、图 10.55）。

　　1841 年俄国人普罗科波维齐（图 10.56）发明柜式蜂箱，这种蜂箱虽然分层排列，但是巢脾在巢框内不易分离（图 10.57），10 年后被美国人郎斯特罗什发明的活动巢框蜂箱所代替，活动巢框蜂箱解决了蜂胶粘连巢脾的问题，几年后就风靡全球。它不但便于管理蜂群，而且提取蜂蜜时不会破坏巢脾，有利于巢脾的重复利用。现代广泛应用的蜂箱，有平顶的（图 10.58），也有坡

图 10.54

图 10.55

图 10.56

图 10.57

图 10.58

顶的（图 10.59）。平顶的便于叠加运输，坡顶的有利于防御风雨。

　　1987 年罗马尼亚发行的养蜂邮票中，船舶载着很多蜂箱，停泊在蜜源地
（图 10.60）。1941 年保加利亚发行的普票中，养蜂人正在检查活动蜂框上
的巢脾（图 10.61）。在斐济发行的养蜂邮票上，养蜂人取出巢框，正在驱散
蜜蜂，准备收取蜂蜜（图 10.62）。收蜜前用喷烟器发烟能有效驱散蜜蜂（图
10.63）。现代蜂箱的出现和应用已有 100 多年，它革新了传统养蜂业，为世
界养蜂事业带来繁荣兴旺。1991 年皮特凯恩群岛发行的邮票上，可以看到当

图 10.59

图 10.60

图 10.61

图 10.62

图 10.63

图 10.64

图 10.65

图 10.66

地养蜂事业繁忙有序的情景（图 10.64）。

在许多地方，蜂巢是丰收和财富的象征，在欧洲尤为人们所器重。2003 年斯洛文尼亚发行的邮票上，蜂箱壁上的绘画不仅反映出木质蜂箱在欧洲的久远历史与艺术，还可以领略古人上树取蜜的情景（图 10.65）。1999 年捷克发行的邮票中，还能欣赏到中、世纪木雕的艺术蜂箱（图 10.66）。

5. 蜜蜂和植物的互作互利

爱因斯坦说过："如果蜜蜂从地球上消失，人类将最多再存活四年……"这句话似乎有点危言耸听。但细细分析，一点都没有言过其实。世界上 80% 的花朵靠昆虫传粉，其中 85% 又是由蜜蜂承担的，因此蜜蜂有"带翅膀的媒人"的雅号。在各种蜂媒植物中，90% 是与人类生活密切相关的果树和蔬菜。20 世纪 80 年代，美国通过作物授粉每年就获利 200 亿美元。1985 年博普塔茨瓦纳发行的拯救树木邮票中，蜜蜂被放在主角的位置上。如果没有蜜蜂，很多作物和树木都无法结实（图 10.67）。

图 10.67

图 10.68

图 10.69

图 10.70

图 10.71

图 10.72

　　地球上有了显花植物就有传粉的蜜蜂，蜜腺是植物专门用来招待蜜蜂的。植物通过蜜蜂授粉，与风媒相比，不但效率高，而且节省大量花粉。蜜蜂消化道有特别的蜜囊，每次将采得的花蜜纳入囊中。开花植物也从蜜蜂身上获得明显的好处，以车轴草（三叶草）为例，无论红花（图 10.68）或白花（图 10.69），蜜蜂能为它们提高 80% 的结实率。植物有大量黄色和蓝色的花朵（其他颜色的花朵，也多含有黄、蓝两色的波长，能反射蜜蜂喜欢的紫外光），都为蜜蜂所爱，如 1998 年马恩岛发行的邮票上，蜜蜂在一种黄色的野菊花上忙碌，黄花是蜜蜂访问最频繁的花（图 10.70）。又如 2000 年爱沙尼亚发行的邮票上的矢车菊，当地公民喜欢这种蓝色的国花，蜜蜂也喜欢访问矢车菊（图 10.71）；矢车菊的花冠特别细长，蜜蜂的喙很难深入，但只要它轻轻一击，花粉便会从管口自动喷出。蜜蜂巧得花粉，自然也为花儿授了粉。1984 年德国发行的昆虫邮票上，一只工蜂在唇形花上采蜜，只要蜜蜂接触蜜腺，花丝就会敲打它多毛的背部，落下很多花粉，花蜜陆续进入蜜囊，足上又能搓出花粉球，授粉任务也就大功告成（图 10.72）。

图 10.73

图 10.74

图 10.75

图 10.76

地球上有 17 万种显花植物靠蜜蜂授粉，很多都是人类栽培的作物，如向日葵（图 10.73）、菜花（图 10.74）、苹果（图 10.75）、梨（图 10.76）等。罗马尼亚、民主德国、保加利亚等国都发行过蜜蜂和传粉植物的邮票。因此，蜜蜂不仅是丰收的保证，而且是植物生存的必需。如果地球上少了蜜蜂，几年后就会应验爱因斯坦的预言。

6. 丰富多样的蜂产品

唐代诗人罗隐的诗中写道："采得百花成蜜后，为谁辛苦为谁甜？"我们的祖先接触蜜蜂，敢冒被蜇刺的风险，就是为了取得蜂蜜，品尝这种天赐的甜美食品。除了蜂蜜，蜂产品的种类还有很多，如蜂王浆、蜂胶、蜂蜡、蜂毒和蜂花粉等，一些地方甚至将蜜蜂的幼虫和蛹也作为食品和药品。

蜂蜜是蜜蜂用花蜜酿造出来的食品，也是人们在养蜂业中最

图 10.77

图 10.78

图 10.79

直接的大收益。蜂蜜含有大量果糖和葡萄糖、维生素和矿物质，普遍用于食品和药品加工，大量用作保健食品。1967 年保加利亚发行的"发展国民经济"的邮票中，蜜蜂为果树授粉，同时还生产蜂蜜和王浆（图 10.77）。大自然让小小蜜蜂送给我们如此丰厚的礼物，实在令人惊讶，因为一只工蜂的蜜囊中，一次只能装载 40 mg 花蜜，这是 20 朵苹果花的排蜜量，经过加工，只能产生 20 mg 的蜂蜜。所以，一只蜜蜂一天要访 3 000 朵花。从 1987 年墨西哥发行的邮票中可以看出，蜂产品是该国的一大出口商品，当时年产蜂蜜 5 万～6 万 t，80% 以上输出国外（图 10.78）。人类在现实生活中是离不开蜂蜜的，就像斐济发行的邮票上用蜂蜜加饼干作早餐的孩子（图 10.79）。在童话世界中，蜂蜜经常成为小动物垂涎欲滴的美食（图 10.80、图 10.81）。

蜜蜂分泌蜂蜡是构筑巢脾的原料，被人取出用作工业原料，用途很广，宗教仪式上使用的蜡烛多用蜂蜡制造（图 10.82）。

2001 年阿根廷发行的养蜂邮票上，展示了另一类蜂产品——蜂花粉。工蜂采集的花粉加入唾液和蜂蜜，便形成花粉团贮存在巢内，是蜂群的主要食物，为蜜蜂提供蛋白质和能量（图 10.83）。

图 10.80

图 10.81

图 10.82

图 10.83

7. 养蜂业的学术交流

随着科学养蜂事业的发展，经一些欧洲国家的养蜂协会的发起，1897年在布鲁塞尔召开第1届国际养蜂大会，交流养蜂经验和科研成果。1963年在布拉格召开第19届国际养蜂大会时，有33国派出1 000名代表参加，会议盛况空前，捷克斯洛伐克首次为大会发行纪念邮票（图10.84）。第20届大会在布加勒斯特召开，与会人数达到2 000名，罗马尼亚发行2枚纪念邮票（图10.85）。1971年在莫斯科召开第23届大会，苏联发行1枚纪念邮票（图10.86）和1种邮资纪念封。1983年在布达佩斯召开第29届大会，出席代表增至4 000人，规模空前，匈牙利发行纪念邮票（图10.87）。第30届大会1985年在名古屋召开，日本发行纪念邮票，邮票上蜜蜂传粉的草莓已经结出硕果，使人眼前一亮（图10.88）。1987年第31届大会在华沙召开，波兰发行一套6枚的特种邮票和2枚相应的邮资明信片（图10.89）。第33届大会由

图 10.84

图 10.85

图 10.86

图 10.87

图 10.88

图 10.89

图 10.91

图 10.90

中国主办，1993 年在北京召开时发行蜜蜂特种邮票 1 套，这种以特代纪的邮票，很难寻觅大会的信息。第 35 届大会 1997 年在比利时安特卫普召开，离在布鲁塞尔召开的首届大会刚刚 100 年，比利时发行了 1 套 6 枚反映蜜蜂生物学的邮票，并有养蜂场景作封面的小本票，内涵丰富，印刷精美（图 10.90）。

此外，邮票还记录了不少养蜂的专业会议和区域性会议，如 1980 年在印度新德里召开的第 2 届国际热带养蜂大会（图 10.91），1998 年在约旦召开的第 2 届阿拉伯养蜂大会（图 10.92），2000 年在南斯拉夫召开的第 13 届养蜂大会（图 10.93），等等。

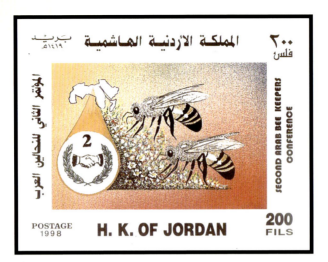

图 10.92

图 10.93

8. 蜜蜂——勤劳勇敢的象征

　　蜜蜂团结牺牲的"精神"和勤劳奉献的"品德"，一直是人类颂扬的主题。法国中央艺技学校（图10.94）等许多职业技术学院的校徽中，都用蜜蜂形象激励学生，培养他们蜜蜂一样的敬业精神和高超技能。芬兰储蓄银行则以蜂巢作为标志（图10.95），马耳他等10多个国家将蜜蜂铸在货币上（图10.96），都有劳动创造财富、节俭过日子的寓意。蜂巢也是法国自然历史博物馆的徽志（图10.97）。乌拉圭的科罗尼亚省徽中，也有蜜蜂标志（图10.98）。

　　美国发行的蜜蜂邮票上，有一句名言"给予和共享"，这是典型的蜜蜂精神（图10.99）。邮票上的"玛雅"，是儿童、成人都喜闻乐见的蜜蜂卡通形象（图10.100），在新西兰发行的邮票上，将蜜蜂形象制作成儿童玩具（图10.101）。

图 10.94

图 10.97

图 10.99

图 10.95

图 10.98

图 10.96

图 10.100

图 10.101

图 10.102

图 10.103

　　蜜蜂也进入帝王生活中，当年法国拿破仑一世恢复帝制，选择蜜蜂和鹰作为他的象征。在他接待大臣的宫室中，有 6 扇充满皇家气派的屏风，上面绣着雄鹰和蜜蜂，由路易十四时期著名的戈布蓝工场制作（图 10.102）。拿破仑青睐金蜜蜂，他想像墨洛温家族一样，在法国历史上建立起强大的帝国，因此沿袭该家族传统的蜜蜂族徽。在意大利，1974 年妇女组织送金蜜蜂给伊朗法拉赫王后，祝贺她与巴拉维国王大婚 15 周年（图 10.103）。

惠人口福的昆虫

自古以来就有人爱吃昆虫。《礼记》中记载，秦汉以前蚁浆是天子的馈食，帝王贵族的宴会常常用蝉和蜂作佳肴。什么人吃昆虫，吃什么昆虫，则因地域、民族和习惯不同而异。某些昆虫因为体内含有特殊成分，因此我们祖先把它们当作药物。无论果腹充饥，或者治病救人，在众多的昆虫中，都蕴藏着巨大的潜力。

1. 美味的诱惑

在人类早期，捕杀大型动物能力较弱，也没有被驯化的家畜，多半靠捉昆虫和捕鱼虾来补充动物蛋白。在南太平洋许多岛上，很多原住民一直保留着生吃昆虫的习惯。如住在新西兰的毛利人，曾经在搬运独木舟的途中，经过离奥克兰不远的一个地方，发现几棵腐朽的树木，里面有许多幼虫，他们称为"Huhu"，就统统捉来生吃了，营养和美味给他们留下深刻的印象，后来"Otahuhu（生吃昆虫）"就成了地名。这是人类吃虫历史上生动诱人的一幕。生吃昆虫的习俗一直在毛利人中流传。若干年前，还是英国王储的查尔斯王子（现查尔斯三世国王）访问澳大利亚时，毛利人就请他生吃昆虫，结果有点尴尬。如果当时查尔斯王子知道，Otahuhu 已经在新西兰被毛利人作为地名，50 年前"Otahuhu"的邮戳（图 11.1）就清楚地盖在他的外祖父乔治六世邮票上，也许会尝一尝它到底是什么滋味。

在非洲，昆虫资源十分丰富，经常成为民众的食物和饲料。当大批蝗虫飞来时，农田刹那间"剃了光头"，人们只能吃蝗虫充饥。1995 年马达加斯加

图 11.1

图 11.2

发行的蝗虫邮票上，农民爬上大树打蝗虫，满满装了 3 大袋。这是防治与食虫相结合的典型例子（图 11.2）。近年来，在非洲又流行采集天蚕幼虫作为食品（图 11.3）。

在东南亚，食用昆虫是一种习以为常的民族习惯。泰国的食用昆虫达 150 种，联合国曾经在泰国召开过食用昆虫会议。2019 年马来西亚发行了 1 套 4 枚特色美食邮票，其中一枚为油炸蝗虫，描绘的是一种当地常见的黑角瓦蝗（图 11.4）。

世界各地被人食用的昆虫有很多，据联合国统计，世界上食用昆虫有 1 400

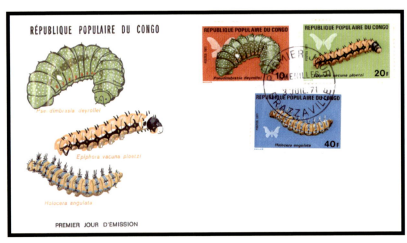

图 11.3

图 11.4

图 11.5

图 11.6

图 11.7

图 11.9

图 11.10

种之多，不少种类在邮票中都可看到，如黄缘龙虱（图 11.5）、天蛾幼虫（图 11.6）、桑蚕（图 11.7）、柞蚕（图 9.1）和蓖麻蚕（图 11.8）的蛹、蜜蜂的幼虫和蛹（图 11.9）、蝉（图 11.10）、天牛幼虫（图 11.11）等。墨西哥人也以昆虫为

图 11.11

美食，商店有多种昆虫食品出售，有的还远销国外，习惯吃虫的人，都为这美味所诱惑。2019年，联合国粮农组织发表了一份报告，呼吁人们大力推广食用昆虫，并指出昆虫可以作为人类食物来源之一，有助于缓解全球粮食和饲料短缺现象。

2．以毒攻毒的效用

远古时代，人常吃昆虫。有些昆虫还治好了疾病，因此尝试吃昆虫治病，成为"神农氏尝百草"之外的故事。在我国早期的医书《神农本草经》中，提出蜂子、桑螵蛸（螳螂卵囊）等可以治病。唐代"药王"孙思邈用多种昆虫做药，用于内科、外科、儿科和妇科，在其著作《千金方》中，还提出用蚕卵孵化后留下的空卵壳做妇女避孕药。1962年我国发行的古代科学家邮票中，孙思邈在研究配方，熬煮中药（图11.12）。明代药学家李时珍（图11.13）在其《本草纲目》中，收集和整理了药用昆虫70多种，其中有抗菌、愈伤的蜂产品（图11.14），有止痛消肿功能的胡蜂蜂房（图11.15）和蚂蚁（图11.16），

图 11.12

图 11.13

图 11.14

图 11.15

图 11.16

图 11.17

图 11.19

图 11.18

图 11.20

图 11.21

　　可化瘀和消肿的地鳖虫（图 11.17），治疗尿频的"桑螵蛸"（图 11.18），有防治胃病的茴香虫（金凤蝶幼虫）（图 11.19），有抗肿瘤和消炎的斑蝥（图 11.20）等，都是常用的中药。昆虫体内含有斑蝥素、蜂毒肽等很多复杂的化学成分，按民间的说法，用昆虫抑制人体的"毒邪"，就是"以毒攻毒"。

　　冬虫夏草是中药的珍品，资源已经非常稀少，因此特别珍贵。2003 年中国澳门发行的中药邮票中，列举了冬虫夏草和蝉蜕（图 11.21）。冬虫夏草作为中药，早期见于《本草从新》和《本草纲目拾遗》中，它有补肺、益肾和止血化瘀的功效，分布在我国青藏高原和尼泊尔一带，海拔 2 ~ 3 km 的高寒山地，它是蝙蝠蛾幼虫被虫草菌寄生的产物，这种奇特的生命形态，由 19 世纪 20 年代英国的一位植物学家揭开了庐山真面目。早在 1994 年尼泊尔发行的邮票上就已经有典型的冬虫夏草（图11.22）。青藏高原上的虫草由于过度挖取，资源破坏十分严重。1993年朝鲜发行的食用菌邮票上，介绍了蛹虫草（图11.23）。它是蛹虫草菌寄生柞蚕蛹的产物，主要产于我国长白山地区和朝鲜，其功效与地道的冬虫夏草相似，能提高免疫力，有抗疲劳和抗肿瘤的作用。蝉蜕是金蝉脱壳的产物，大多是黑蚱的蜕，每年夏秋季节，在树干或附近地上，有很多蝉蜕可以拾取，中医用它治疗痔疮、荨麻疹等多种疾病。

澳大利亚发行的"制药学教学百年"的邮资封上，有药物的合成和药店，还陈列了传统的植物药材和以吉丁虫为代表的昆虫药材。从中可见，昆虫也是澳大利亚医药开发的一个重要元素（图11.24）。

图 11.22

图 11.23

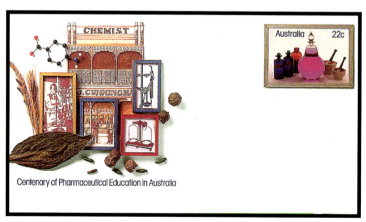

图 11.24

生命和艺术的交融——玩赏昆虫

昆虫的多姿多彩，使一些种类成为人类最小的宠物、充满生机的藏品；让人们领略它们的灵性，欣赏它们的舞姿，聆听它们的鸣声，观察它们的斗争。从早期单纯捕捉昆虫到现在保育昆虫，逐步形成的观赏昆虫产业，掀起过一阵阵的热潮，正在慢慢走向成熟。浓缩上万枚昆虫邮票中的精华，就能看到玩赏昆虫既是一种产业，也是一种文化，还是我们茶余饭后不可阙如的文化。

1. 美丽的"国蝶"

蝴蝶是自然界动人的舞姬，花儿不可离弃的伴侣。法国发行的邮票上一盒彩蝶，给人送去幸福的祝愿，也给人捎来美丽的幻想（图 12.1）。1 000 多年前，苏轼遇见耀眼的蝴蝶翩翩飞来，便在《鬼蝶》中写道："双眉卷铁丝，两翅晕金碧。初来花争妍，忽去鬼无迹。"这里写的"鬼"，便是一种漂亮的蛱蝶。人们对那些充满魅力的蝴蝶，都会发出动情的感叹。满足人们对蝴蝶美的视觉享受，开发包括采集、饲养、观赏、收藏、加工和贸易在内的一连串蝴蝶产业，在欧洲有 200 年历史，在南美洲已经持续 100 多年。中国台湾每年蝴蝶产业的收入达 300 多亿新台币。蝴蝶产业不仅是休闲、旅游业的一

图 12.1

图 12.2   图 12.3   图 12.4

部分，也是昆虫文化的重要组成，是科学普及的欢乐园地。在世界方寸天地中，众多的蝴蝶邮票（包括一部分蛾子），折射出蝴蝶产业的背景和潜力。例如，东南亚和大洋洲的鸟翼凤蝶，个体大，种类多，色彩丰富，人见人爱；南美洲的多种闪蝶，亮晶的色彩，魔幻般的身影，令人倾倒，它们是许多国家竞相开发的对象。一些国家还选择美丽稀有的蝴蝶作为国蝶，着力倾注文化内涵，为蝴蝶产业推波助澜。

　　1984 年印度发行的邮票中的金带喙凤蝶，就是它们的"国蝶"（图 12.2），因深绿色翅面和耀眼的金斑，气度不凡，称其为"帝王蝶"，在我国西南山区也有分布。在中国，民众更喜欢它的姊妹种——金斑喙凤蝶，1963 年我国发行蝴蝶邮票（图 12.3）时，它的真实身影消失在分类专家面前已有 40 多年，要为它画像，只好到国外博物馆去寻找。直到 20 世纪 80 年代以后，才重新在福建武夷山现身。鉴于它的数量稀少，处境濒危，已经列为国家一类保护动物，

图 12.5

蝴蝶爱好者称它为"梦幻之蝶"，其中很多人视其为"国蝶"。2000 年我国发行国家保护动物邮票，金斑喙凤蝶再次登上国家名片（图 12.4）。不丹人喜爱生活在喜马拉雅山区和我国横断山脉的多尾凤蝶，选它为"国蝶"，1975 年发行的蝴蝶邮票中有它的身影（图 12.5）。日

本的"国蝶"是大紫蛱蝶，从1956年起已经几次发行有大紫蛱蝶的邮票（图12.6）。马来西亚的"国蝶"是红颈鸟翼凤蝶，它是世界上在纯蝴蝶邮票中第一个亮相的蝴蝶。1970年马来西亚发行第一套蝴蝶邮票时，其中有一枚就是它，以后又发行过多次（图12.7）。印度尼西亚选择绿鸟翼凤蝶为"国蝶"，该蝶为巴布亚岛一带最广布的鸟翼凤蝶，曾出现在1966年巴布亚新几内亚发行的邮票中（图12.8）。美国的"国蝶"是黑脉金斑蝶（图12.9），它在墨西哥和加拿大之间迁飞，广袤的美国土地是它的必经之地，美国南部的佛罗里达和加利福尼亚的北部也是它的越冬或越夏的栖息地。黑脉金斑蝶是墨西哥的无冕之王，可惜越冬地针叶林被砍伐，斑蝶因无家可归而数量骤降。哥伦比亚的"国蝶"是塞浦路斯闪蝶（图12.10）。海伦娜闪蝶又称为光明女神闪蝶，是秘鲁的"国蝶"，1976年巴拉圭发行过这种蝴蝶的邮票（图12.11）。尖翅蓝闪蝶是巴

图 12.6

图 12.7

图 12.8

图 12.9

图 12.10

图 12.11

图 12.12

图 12.13

西的"国蝶"（图 12.12）。南美亚马孙河流域众多的闪蝶，成为当地的一大财富。天堂凤蝶或称英雄凤蝶，是澳大利亚的"国蝶"，它那闪电一样的翅膀，英姿飒爽。方寸天地里多次出现过这位"英雄"（图 12.13）。

2. 丰富多彩的蝶文化

2000 年密克罗尼西亚发行的小型张上，19 世纪身着拉普兰式服装的昆虫采集者，将采到蝴蝶时的愉悦心情表露无遗（图 12.14）。那时从分类学家林奈开始，到达尔文、华莱士，无不关心蝴蝶、甲虫等各种各样昆虫标本的采集。南太平洋的许多岛屿以及各地的热带雨林，更是蝴蝶的天堂、采集者的乐园。原住民常常用弓箭来射落巨大的鸟翼凤蝶（图 12.15），在加勒比海地区，有人在大树上架设跳板，捕捉在树冠高处飞舞的蝴蝶（图 12.16）。

图 12.14

图 12.15

图 12.16

人们收集、整理蝴蝶标本（图
12.17），将它们收藏在博物馆里（图
12.18），一些国家和地方昆虫或蝴蝶
博物馆应运而生。随着时间的流逝，
博物馆聚集了大量的标本和历史档案，
供人观赏和研究，如英国国家蝴蝶博
物馆（图 12.19）。在德国的德累斯顿
博物馆，则因收藏哈氏凤蝶而引以为
荣，在发行的建馆 250 年的纪念邮票
上，展示了这对来历不凡的凤蝶（图
12.20）。这是 19 世纪一位年轻的哲
学博士，携妻带女，以他短暂的一生
在亚马孙河流域追求、探索的结晶。

图 12.17

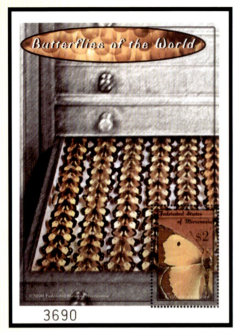

图 12.18

在邮票上还可看到我国戏剧《蝴蝶梦》（图 12.21）和《梁山伯与祝英台·哭坟化蝶》（图 12.22），西洋歌剧《蝴蝶夫人》（图 12.23），日本歌舞伎《蝴蝶》（图 12.24），等等，这些剧本通过蝴蝶，咏叹人生，追求理想。

邮票中可以看到艺术家赋予蝴蝶的另一种生命，如汉代画家仇英笔下的宫女戏蝶（图 12.25）、唐代画家周昉所绘簪花仕女手中的彩蝶（图 12.26）、南宋宫廷画家马远的"春丛文蝶"（图 12.27）以及不丹邮票上凡

图 12.20

图 12.19

图 12.21

图 12.22

图 12.23

图 12.24

图 12.25

图 12.26

图 12.27

图 12.28

图 12.29

图 12.30

高笔下的黄粉蝶（图 12.28）、几内亚邮票上毕加索所绘的菜粉蝶（图 12.29）、日本藤岛武二的群蝶（图 12.30），等等。生活中司空见惯的蝴蝶，经过名家之手，又入选邮票，同时给人们带来赏画和赏蝶两种享受，趣味无穷。

工匠的手艺和民众的生活，也不断创造着"蝴蝶"，它们是流淌在方寸天地里的清泉，升华跌宕人生的美梦。其中有刺绣（图 12.31）、花边（图 12.32）、蜡染（图 12.33）、花灯（图 12.34）、风筝（12.35）、胸花（图 12.36）等各类工艺品。法国创造新风格的艺术大师埃米尔·加勒的玻璃刻花蝴蝶（图 12.37），英国儿童的面具蝴蝶（图 12.38），还有印度尼西亚巴厘岛姑娘的蝴蝶装（图 12.39），更是琳琅满目，美不胜收。

图 12.31

图 12.32

图 12.33

图 12.34

图 12.35

图 12.36

图 12.37

图 12.38

图 12.39

图 12.40

图 12.41

3. 休憩说鸣虫

谚语说"知了叫，夏至到"。中国台湾发行的"二十四节气"邮票中，就用了这句谚语（图12.40）。夏天，浓荫蔽日的山林里的一片蝉声，听多听久了，反而觉得"蝉鸣林更静"。1988年日本发行的诗画并联的邮票"山寺"，就表达了这种奇妙的意境（图12.41）。蝉是每年出声最早的鸣虫，我国古人曾经有过养蝉玩蝉的历史，但由于很难饲养，更显出它的山野情趣。

以蝉入画的作品也很多，如圣多美和普林西比发行的毛泽东逝世1周年纪念邮票，边纸上有南宋画院李迪写梅圣俞诗句"枝低栖水鸟，叶弱抱秋蝉"的写意画（图12.42）。

图 12.42

著名国画家齐白石喜画秋蝉，卢旺达专为齐白石"昆虫小品"发行了一套20枚的套票，其中一枚为"秋蝉红叶"（图12.43）。

图12.43

齐白石同样喜欢画螽斯，如1996年乌干达发行的"齐白石作品选"小型张中（图12.44），螽斯在牵牛藤上独行，老人想替它找伴侣，题诗云："用汝牵牛鹊桥过……"中国士大夫有悲秋的情结，感叹虫鸣带来秋风落叶和万物萧条。齐白石一幅昆虫小品，两只蛐蛐在慈菇叶下谈情说爱，是另一种"秋声"（图12.45）。

在我国，人工饲养鸣虫已有上千年的历史。玩赏蟋蟀和螽斯，首先是听它们鸣叫，并在饲养中培育爱心，有无限的乐趣。

螽斯中最受国人喜爱的为优雅蝈螽，俗称蝈蝈，虽然不会斗，但容易饲养。它们的鸣声来自翅膀上音锉与刮器的摩擦，高频震动的音锉让翅面的镜膜发出清脆悦耳的声音。不同节律的鸣声，是同类之间在交流信息，如召唤异性来谈情说爱或为战斗发出"最后通牒"。从走街串巷的小贩手中买一个装有蝈蝈的

图12.44

图12.45

小笼子，是很多人抹不去的儿时回忆（图12.46）。在北京，养蝈蝈的小企业一年供应市场的蝈蝈就有10万只。

蟋蟀又叫蛐蛐，不但会叫，而且好斗。斗蟋蟀是流行我国南北各地的游戏，起始于唐代，南宋的"蟋蟀宰相"贾似道、明代的"蟋蟀皇帝"朱瞻基（宣德）和末代皇帝溥仪，都是有名的蟋蟀玩家。近年来，一些地方因产蟋蟀、斗蟋蟀和举办全国蟋蟀大赛而出名致富。1990年中国澳门发行与动物有关的"博弈"邮票，斗蟋蟀与赛马、赛狗、斗鸡并驾齐驱，两只雄赳赳的斗士，正在摆开阵势（图12.47）。在中国澳门，斗蟋蟀称为"蟀猎"，斗蟋蟀的赌场称为"猎场"。2007年中国澳门发行的"昔日生活风情"邮票，其中有一枚"蟀猎"，生动地描绘了早年猎场斗蟋蟀人的动作神情（图12.48）。小小昆虫竟成赌博工具，堪称昆虫世界的一大奇迹。

2001年我国发行的有奖贺年明信片中，有一个雕刻精致的葫芦罐（图12.49），这是北京的传统工艺品，专供冬天饲养蛐蛐，在宠物市场和文物商店可以买到。养虫的人采用控制温度的办法，将卵延迟到秋末孵化。冬天把鸣虫养在葫芦里，揣在怀中保温，能让它们活到来年，"冬虫迎春"，既快乐又温馨。

图12.46

图12.47

图12.48

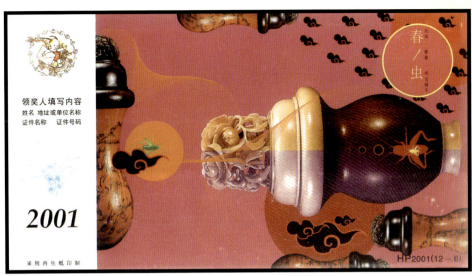

图 12.49

4．光怪陆离的甲虫

许多甲虫亮丽威武，逗人喜爱，一直被当作资源昆虫。最早受人宠爱的甲虫是埃及的蜣螂，法老们把它当作圣甲虫，用蜣螂图形来表示法老，在金字塔中比比皆是（图 12.50、图 12.51）。法老们喜欢用蜣螂的形象制作各式各样的护身符。如 2000 年柬埔寨发行的蜣螂小型张的边纸上有一个玉石挂件，在"荷露斯"眼睛下方，镶着翡翠蜣螂（图 12.52）。1981 年埃及为邮票日发行的法老护身符邮票上，两枚邮票分别展示了"蜣螂"的正反面（图 12.53）。法老们相信死后心脏要放在玛特神的天平上接受检验，就用玉石圣甲虫来冒充他们的心脏，在其遗体制作木乃伊时放在胸腔里，希望在玛特神前蒙混过关，平安升天。埃及民间也崇尚蜣螂，这一点从埃及昆虫学会会徽采用蜣螂图形中可见一斑（图 12.54）。

图 12.50

图 12.51

图 12.52

图 12.54

图 12.53

图 12.55

图 12.56

    生活在橡树上的深山锹甲，很受欧洲人的喜爱。一只张牙舞爪的欧洲深山锹甲，构成1970年巴拉圭和1971年巴布达发行的同图邮票（图12.55、图12.56），它是16世纪德国画家丢勒的作品。丢勒是欧洲文艺复兴时代古典派的祖师爷，绘画讲究透视，笔调细腻，他所绘的鹿角锹甲昂首张颚，神气活现，立体感很强。

    不过，欧洲人对瓢虫的迷信，却超过了任何一种甲虫。民间认为，如果一只瓢虫落到你的身上，你肯定会交上好运，但必须背诵几句诗："瓢虫瓢虫快飞吧，快快飞回你的家，你的家里着了火，孩子乱飞又乱爬。"，然后，让它自己飞走。情人节邮票中有瓢虫（图 12.57），瑞士问候邮票也有瓢虫（图 12.58）。瓢虫（特别是七星瓢虫）不仅是害虫的天敌，在人们眼里也是预兆财富的福星。以色列便用瓢虫祝人交好运、发大财（图 12.59）。

日本人喜爱锹甲（图 12.60），某些珍贵的大型野生锹甲售价高达 500 万日元，人工饲养已经形成一门新兴产业。而另一种大型甲虫独角仙，在日本人的生活中也占有重要地位，从邮品中就能看到各种不同形象的独角仙（图 12.61）。独角仙饲养比较简单，在塑料箱中放些发酵后的木屑，就能让幼虫吃饱喝足，用果冻养成虫则更为简单。因此，市场上比较便宜，特别受儿童的喜爱。在邮票上，独角仙已成为孩子心爱的坐骑，骑着它可以腾云驾雾，展示

图 12.57

图 12.58

图 12.59

图 12.60

图 12.61

图 12.62   图 12.63   图 12.64

科学的未来和儿童的理想（图 12.62）。饲养甲虫之风已经从日本吹
到中国，在东南亚也有一定的市场。

　　吉丁虫是非常美丽的甲虫，如 1986 年日本发行的邮票上的翠绿
吉丁虫（图 12.63）。吉丁虫苗条匀称的身材，浑身闪烁着绿色的金
属光泽，其亮丽程度超过黄金，可爱程度胜过翡翠。在亚洲和大洋
洲许多地方盛产各种吉丁虫，它的幼虫是树木的蛀干害虫，成虫却
珠光宝气，在日本又被称为"玉虫"，经常用来做首饰或镶嵌在器
物上。日本法隆寺收藏的国宝"玉虫厨子"（图 12.64），就是镶嵌
着很多吉丁虫翅鞘的神龛，距今已有 1 300 多年历史，9 000 多个鞘
翅依然光彩夺目。虽然当年自然界吉丁虫可能较多，但收集加工的
翅鞘如此之多，实属珍稀。

夺人口粮和衣着的害虫

　　世界上取食农作物的害虫有 1 000 多种，重要的有 200 多种。从人类开始栽培植物起，原来以野生植物为生的昆虫，也慢慢变成专门取食作物的害虫，随着作物的单一化和栽培面积的扩大，害虫的数量也越来越多，农民给作物的优厚待遇，最终使害虫获利。如果气候对害虫合适，虫害就像水旱灾害一样，不断威胁着农业生产。人类与害虫的斗争从未停息过，有时甚至变得十分尖锐。

1. 灾难飞来说蝗虫

　　中国古诗云："只惊群飞自天下。"对于大多数地方来说，铺天盖地的蝗虫都是突然飞来的。1989 年尼日尔发行的蝗虫邮票，描绘了蝗群降临时的恐怖状态。上亿的蝗虫遮天蔽日而来，所到之处植物都变成秃枝光干，正是"蝗灾食苗民自苦"（图 13.1）。禾谷抽穗的时候，蝗虫袭来，农民一年的辛勤劳作付诸东流。1961 年阿富汗发行的"农业生产"邮票上，蝗虫正在吞食麦穗（图 13.2）。1930 年约旦埃米尔阿布杜拉·侯赛因号召民众"抗击蝗灾"（图13.3）。

　　世界上常年蝗灾面积 4 000 多 km²，有 15% 的人口的粮食遭到蝗虫的威胁，

图 13.1

它们主要集中在非洲和亚洲西部。危害最大的蝗虫种类有飞蝗（图 13.4）、沙漠蝗（图 13.5）和红蝗（图 13.6）。1972 年赞比亚发行的保护自然年邮票中，有一枚"蝗虫毁坏庄稼"，画面上大批红蝗源源不断飞来，暴食玉米（图 13.7）。早在 1946 年葡属安哥拉就成立了国际治蝗机构，联合各国共同对付红蝗（图 13.8）。1964 年马里为国际飞蝗防治组织发行了治蝗邮票，反

图 13.2

图 13.3

图 13.4

图 13.5

图 13.6

图 13.7

图 13.8

图 13.9

映了飞蝗的分布、猖獗和防治情况（图13.9）。

蝗虫在干旱的荒地上产卵，随着雨季来临，蝗卵孵化出蝗蝻，开始取食杂草和幼苗，成虫密度低，成为散居型（图13.10）；如果密度高，就成为飞翔能力极强的迁飞型（图13.11），聚集起来趁风飞行和滑翔，飞到哪里就吃到哪里，正如普希金诗中说的："蝗虫，飞呀飞，飞来就落地，落地一切都吃光，飞去无踪影。"

1921年苏联学者乌瓦洛夫提出，蝗虫分型，散居型不成灾，群居型会迁飞扩散成灾，他本人和后人研究了群居型形成的原因，都没有找到答案。中国科学院动物研究所康乐院士团队经过多年研究，揭示了引起蝗虫聚集迁飞的信息素。聚集信息素的发现为解说昆虫大量集体迁飞损毁庄稼找到了原因，也为控制蝗灾找到了途径（图5.66）。

图 13.10

图 13.11

2. 扫荡欧洲大陆的马铃薯甲虫

19 世纪初，美洲落基山地区开始引种马铃薯。一种原来在墨西哥专门取食茄科杂草的叶甲，转而侵害肥嫩的马铃薯，常常将其叶片吃光，从此世界上出现了一种新害虫——马铃薯甲虫。随着马铃薯种植面积的扩大，这种甲虫也在不断扩散，1870 年扩展到美国东海岸，同时在科罗拉多州爆发成灾，马铃薯损失惨重。

20 世纪初，马铃薯甲虫随运输工具开始跨洋过海，入侵欧洲，比利时首当其冲。20 世纪 30 年代中比利时发行的邮资明信片（图 13.12）上，介绍了马铃薯甲虫成虫和幼虫的形态和马铃薯的被害状，并号召民众防治这种凶险的害虫。这种甲虫以跟随运输工具和主动飞行相结合的方式肆意扩散，第二次世界大战期间以每年 100 km 的速度向东推进，在很多地区猖獗成灾，千百万人因此遭受饥饿与死亡的威胁。1940 年德国利用邮戳宣传消灭马铃薯甲虫，这类邮戳一直使用到战后（图 13.13）。20 世纪 40 年代末，马铃薯甲虫入侵东欧，

图 13.12

图 13.13

图 13.14

图 13.15

1956 年罗马尼亚发行了世界上首枚马铃薯甲虫邮票，展示了
甲虫展翅飞来取食马铃薯叶片（图 13.14）。有些国家考虑到
出口检疫的问题，对马铃薯甲虫的入侵讳莫如深。虽然欧洲
各国都步步为营，采取植物检疫和药剂扑杀的措施，但如今
已经越过乌拉尔山脉，严重威胁到许多亚洲国家的马铃薯生产。

马铃薯甲虫具有惊人的抗逆能力，寄主种类很多，休眠
幼虫能耐受恶劣的气候，对各种药剂能很快产生抗药性。因
此是一种极为顽固、很难对付的害虫。1967 年在维也纳召开
的第 6 届国际植保大会上，交流了马铃薯甲虫的研究和防治
问题。奥地利发行了纪念邮票，用十分精致的彩色雕版印制
的马铃薯甲虫，给大家留下了非常深刻的印象（图 13.15）。

3. 与人争食的谷物害虫

图 13.16

图 13.17

禾谷类作物是人类主要的粮食来源。害虫侵害禾苗和谷物，等于与民争食。取食水稻、麦子、玉米和高粱的，除蝗虫外还有 50 多种主要的害虫。如 1993 年柬埔寨发行的"水稻害虫"邮票中的稻纵卷叶螟（图 13.16），初夏从东南亚飞到我国，在广大稻区繁殖和为害后，再飞向朝鲜半岛和日本，秋天再按原路返回，一次能飞 700 ~ 1 300 km。纵卷叶螟的幼虫卷稻叶，吃叶肉，几天之内碧油油的稻子，就变成白茫茫一片，严重损害稻谷生长。

图 13.18

图 13.19

许多食叶害虫都是饕餮之徒，如 1968 年委内瑞拉邮票上的美洲秋黏虫幼虫正在玉米上不停地取食。它每繁殖一代，就迁飞 400 ~ 500 km，是美洲许多谷类作物的重要害虫（图 13.17）。

我国 3 000 年前就有"食苗心螟"的记载。古人称蛀茎害虫为螟虫，俗称钻心虫。1988 年毛里塔尼亚发行的"农业害虫"邮票上的二化螟就是其中之一（图 13.18）。常见的还有 1993 年柬埔寨发行的邮票上的三化螟（图 13.19），1995 年肯尼亚发行的邮票上的玉米茎螟（图 13.20）。水稻螟虫在我国经常发生，它们会夺取稻穗的营养，导致稻谷抽出来的都是空瘪的白穗（图 2.80 上左 2），灾害严重的年份，辛勤劳作的农民可能会面临颗粒无收的悲惨局面。

图 13.20

图 13.21

图 13.22

图 13.23

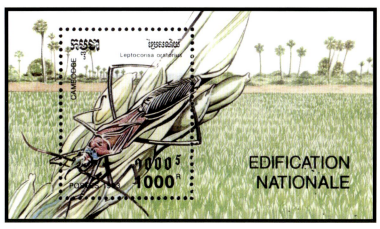

图 13.24

椿象通过刺吸稻麦穗子的汁液造成减产，如 1982 年越南发行的邮票上的稻绿蝽（图 13.21），1983 年土耳其发行的邮票上的麦扁盾蝽（图 13.22），1993 年柬埔寨发行的小型张中的稻缘蝽（图 13.23）。

此外，还有一批明火执仗直接吞食高粱等谷穗的害虫，如 1996 年布基纳法索发行的邮票上的克劳斯蝗（图 13.24），1982 年塞内加尔发行的邮票上的阿莫萨灯蛾，一只蛾子能产数千卵，许多卵聚成一块。大批幼虫取食玉米和高粱的叶子，糟蹋穗子上的谷粒，并不停地转换植株和田块（图 13.25）。

图 13.25

图 13.26

图 13.27

图 13.28

图 13.29

图 13.30

　　有许多害虫躲在土中为害，如 1991 年加纳发行的邮票上的非洲蝼蛄（图 13.26）。1998 年卡塔尔发行的邮票上的欧洲蝼蛄（图 13.27），它的"盾构机"开过，幼苗的根经不起它的掘和咬，就形成缺苗断垄。1989 年毛里塔尼亚发行的邮票上的小地老虎（图 13.28），又叫切根虫，也是一种世界有名的害虫，幼虫专门躲在土中咬食幼苗。成蛾后，它们会随季节变化进行迁飞。

4. 以棉铃虫为首的棉花害虫

　　安哥拉发行的邮票中，有棉花"头号害虫"之称的棉铃虫（图 13.29）。20 世纪后期，棉铃虫在亚洲、非洲和大洋洲连续多年为害棉花的蕾、花和棉铃。伴随着抗药性问题，药剂防治效果下降，曾经连续几年猖獗成灾，造成棉花大幅度减产，当时震惊我国。棉铃虫在印度和澳大利亚的产棉区，也是极为重要的害虫。常年造成棉花损失 15% ～ 30%。有时多种夜蛾类食叶害虫和棉铃虫混合发生，如 1975 年皮特凯恩群岛发行的邮票上的超桥夜蛾（图 13.30），

1991 年图瓦卢发行的邮票上的斜纹夜蛾（图 13.31），1994 年安哥拉发行的邮票上的甜菜夜蛾（图 13.32）。在棉田大量用药防治的时候，一些害虫得到抑制；而另一些则产生了抗药性，变得更加猖獗。

棉花从种到收，各个生长阶段有不同的害虫。苗期刚刚逃过小地老虎一劫，就会不知不觉遭遇棉蚜的危害。毛里塔尼亚邮票上的棉蚜（图 13.33），有翅的成蚜向着棉田转移，繁殖出来的雌蚜不用交配就能大量"克隆"小蚜虫，不久棉叶上就会布满蚜虫，它们不停地吸食棉叶汁液，造成叶片卷曲，影响棉苗生长。同时危害的还有烟粉虱，如 1994 年安哥拉发行的邮票上的烟粉虱（图 13.34），体长不过 2 mm，其危害程度在许多地方超过蚜虫，有的还传播病毒。1991 年马拉维发行的邮票上的黑带棉红蝽（图 13.35）和 1992 年布基纳法索

图 13.31

图 13.32

图 13.33

图 13.34

图 13.35

图 13.36　　　　　　　　　　图 13.37　　　　　　　　图 13.38

发行的邮票上的另一种棉红蝽（图 13.36），都是刺吸汁液的害虫，经常引起棉花落蕾落铃。

从 1965 年中非发行的邮票上可以看到棉红铃虫（图 13.37）。100 多年前它从北美扩散到世界各地。幼虫蛀食蕾铃，破坏棉桃吐絮，危害很大。棉花采摘后，幼虫随籽棉进入仓库越冬。

1968 年委内瑞拉发行的邮票上，有美洲特有的墨西哥棉铃象甲，幼虫为害花蕾和棉桃，有极其顽强的耐药力，因此也是一种很难防治的害虫（图 13.38）。美国阿拉巴马州恩特普赖斯市还专门为棉铃象甲竖立了世界上独一无二的纪念碑，感谢贪婪顽固的害虫，是它们让棉农改变了单纯依赖棉花的种植方式，通过多种经营得以发财致富。

5．危害椰树和咖啡的害虫

1971 年萨摩亚发行的昆虫邮票上，椰蛀犀金龟正在椰林里漫步（图 13.39）。它看样子温文尔雅，实际上是破坏性很大的害虫。分布在南亚、东南亚和我国南方，成虫取食椰子、油棕、海枣、菠萝、番木瓜和甘蔗的生长点及幼嫩叶子，受害叶子展开后呈"V"字形剪切状，严重影响椰树生长和结果。幼虫则在地下专吃根。成虫和幼虫对寄主植物上下夹攻，成为椰子生产的头号害虫。1972 年托克劳群岛发行的

图 13.39

STAMPS OF INSECTS

图 13.40

图 13.41

图 13.42

图 13.43

图 13.44

南太平洋国家第 25 届年会纪念邮票中（图 13.40），联合对付椰蛀犀金龟成为各国的共同议题，因此犀金龟在会议纪念邮票中有显著的位置。许多太平洋岛国还发行过其他犀金龟的邮票，如 1987 年瓦努阿图发行的邮票中的橡胶木犀金龟（图 13.41），1991 年所罗门群岛发行的邮票中的澳大利亚犀金龟，都是为害椰树嫩芽的高手（图 13.42）。在太平洋众多的岛屿上，由于地理隔离引起物种分化，因此犀金龟的种类很多，但一直没有改变它们取食棕榈科植物嫩芽的习性，从而成为各地椰林幼树的杀手。

有趣的是，在波利尼西亚和美拉尼西亚群岛上，幼嫩的椰子树还受到竹节虫的侵害。2006 年斐济发行的邮票上，一种椰子竹节虫专门取食椰叶，甚至造成落叶（图 13.43）。

在美洲，棕榈科植物的果实受到椰子象甲的危害，如 1996 年伯利兹发行的昆虫邮票上的椰子象甲（图 13.44），成虫在果实上产卵，幼虫取食果子。

图 13.45

热带地区的另一大经济作物咖啡，也有多种害虫。如 1965 年中非发行的邮票中的咖啡钩蛾（图 13.45）和咖啡透翅天蛾（图 13.46）等。前者在非洲各地有几个近缘种，它们的共同特点是幼虫的头胸部大，腹部小，形似蝌蚪，低龄幼虫啃食叶片下表面内的叶肉，高龄幼虫蚕食叶片甚至嫩枝。1987 年喀麦隆发行的邮票中，为害咖啡和可可树的可可盲蝽（图 13.47）是一种既取食叶子汁液又传播病害，还很难控制的害虫；另一种为西非咖啡蝽，喜食浆果和幼嫩咖啡豆（图 13.48）。1991 年刚果发行的邮票中有一种咖啡天牛，其为害习性不详（图 13.49）。

图 13.46

图 13.47

图 13.48

图 13.49

6. 蔬菜瓜果上的害虫

　　十字花科蔬菜是我们食用得最多的绿叶蔬菜之一，也是一些害虫偏食的对象。秋季绿油油的青菜正在茁壮成长，可恶的菜青虫就把叶子咬得千疮百孔。几天后它摇身一变就成了日本1980年发行的邮票上的小菜粉蝶（图13.50），在阳光下款款而飞，显出一副轻盈无害的姿态。从1956年瑞士和1997年葡属马德拉发行的邮票中，可以看到大菜粉蝶（图13.51，小本票封面），它也是油菜的主要害虫。十字花科植物含有芥子油，对小菜粉蝶等多种害虫都具有吸引力。如1988年毛里塔尼亚发行的邮票上的小菜蛾（图13.52），它们都与十字花科植物有不解之缘。小菜蛾在世界各地都有发生，繁殖快、数量大，不断对各种杀虫剂产生抗药性，是极难对付的蔬菜害虫。

　　此外，食叶的蔬菜害虫还有很多种，如毛里塔尼亚发行的邮票上的粉纹夜蛾幼虫（图13.53），1991年图瓦卢发行的邮票上的棉铃虫（图13.54），幼

图 13.50

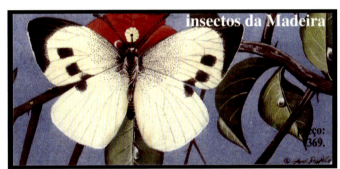

图 13.51

图 13.52

图 13.53

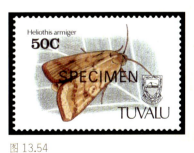

图 13.54

图 13.55

图 13.56

图 13.57

图 13.58

图 13.59

虫能吃上百种植物，除了棉花，损失最大的便是番茄等茄果类蔬菜。这些害虫寄主很广，食量很大，而且有极强的飞行能力，广阔的海洋都不足以成为它们的屏障。

危害瓜类的害虫，在基里巴斯发行的邮票上的瓜螟（图 13.55），它和许多螟虫一样，幼虫有钻心习性，最喜欢危害瓜苗。1991 年所罗门发行的邮票上的瓜大实蝇（图 13.56），它的幼虫吃很多种水果，不完全限于瓜类。1974 年瓦利斯富图那群岛发行的邮票上，可以看到为害南方果树的落叶夜蛾（图 13.57）。实际上它是一种危害多种果子的吸果夜蛾，它有锯齿般的喙，能刺破果皮吸食汁液，最后使果子掉落。柑橘、龙眼、荔枝都是它吸食的对象。

欧洲中部属温带气候，生长有很多果树，害虫的种类非常丰富，大多数为果实蝇和半翅目小虫。斯洛文尼亚从 2000 年开始，每年发行一组果子和害虫的邮票，3 枚连票成一组，共发行 6 组。在 2000 年先后发行两套，4 月发行的是梨花、梨子和梨花象甲，这种象甲幼虫危害梨和苹果的花（图 13.58）；6 月发行樱桃绕实蝇，幼虫在樱桃果实内危害，引起落果（图 13.59）；2001 年发行烟蚜邮票，并以蚜虫的天敌七星瓢虫作附票（图 13.60）。烟蚜又叫桃蚜，世界各地都有分布，寄主有 350 多种，如烟草、蔬菜和果树，而且还传播病毒病，邮票上蚜虫是无翅胎生雌蚜；2002 年发行蓝莓冬尺蛾，虽然幼虫取食叶片，但在蓝莓开花时节，能帮助传粉（图 13.61）；2003 年发行橄榄实蝇邮票，成虫在幼果上产卵，幼虫危害果实，造成大量落果，严重时几乎完全无收（图 13.62）；2004 年发行梨黄木虱邮票，这种木虱虽然是吸食汁液，但严重破坏开花结果（图 13.63）；2005 年发行杏树上梨圆蚧邮票（图 13.64）；2006 年发行柿蛾蜡蝉邮票（图 13.65）。以上各种落叶果树的害虫，在北半球有相当大的代表性。

图 13.60

图 13.61

图 13.62

图 13.63

图 13.64

图 13.65

旷日持久的人蚊大战

蚊子与人类有非常密切的关系，它们不仅吸人的血，而且传染疾病。人类历史上多次因为蚊子传播的疟疾流行，导致一些王朝没落。我们的祖先虽然受尽蚊子的折磨，但对它们传染疾病的事实一无所知。只有在显微镜下，应用微生物学和传染病学的知识，才逐步认清蚊子的真面目，了解它对我们健康的危害。进入20世纪以后，人类和蚊子的现代化战争开始了，经过几个回合，人们获得一些局部胜利，但不知如何才能赢得最终的胜利。至今疟疾仍然与艾滋病、结核病一样，成为威胁人类健康和生存的三大传染病之一。更何况蚊子传播的疾病还有多种，因此与蚊子的斗争任重而道远。

1. 人类的宿敌

图 14.1

吸人血的蚊子，主要是伊蚊和按蚊。它们在世界各地都有分布，在非洲尤为猖獗。1983年加蓬发行的邮票中，一只埃及伊蚊正在伸出口针袭人（图14.1）。1962年葡萄牙属地发行的系列邮票中，从葡属几内亚与圣多美和普林西比的邮票上，可以看到生活在西非的冈比亚按蚊的正面和侧面形象（图14.2、图14.3），这是一种传播恶性疟疾的蚊子，会引起大量儿童和孕妇死亡，它的行为和习性得到了广泛的研究，全部基因的测序已经完成；在佛得角邮票上有比勒陀利亚按蚊，它在西非与冈比亚按蚊同流合污，致病夺命（图14.4）；从莫桑比克到安哥拉，

图 14.2

图 14.3

图 14.4

图 14.5

图 14.6

图 14.7

图 14.8

图 14.9

为非作歹的是一种邪恶按蚊（图 14.5、图 14.6）；分布在印度洋沿岸各国的是溪流按蚊（图 14.7），造成 20 世纪 30 年代中叶锡兰（今称斯里兰卡）疟疾大流行；在东帝汶有巽他按蚊，是南太平洋的主要疟疾传媒（图 14.8）；在我国各地和东南亚大多属于中华按蚊（图 14.9）。

图 14.10

蚊子虽然很小，却是地道的完全变态，从卵到蛹都生活在水中。1962 年巴拉圭发行的邮票中有按蚊卵的放大图，卵的两边有浮囊，能使它平稳地漂浮在水面上（图 14.10）。在尼日利亚发行的邮票中，3 只倒立在水中的幼虫通过腹部末端的呼吸管在水面上吸取氧气。幼虫的两边是蛹（图 14.11）。1986 年坦桑尼

图 14.11

图 14.12

亚发行的蚊子小型张中，从邮票到边纸，完整地反映了蚊子卵、幼虫、蛹和成虫的形态特征（图 14.12）。当成虫羽化时，边蜕壳边从水中垂直升起，最终离开水面，凌空展翅，姿态非常美丽。

按蚊生活在沼泽湿地中，从非洲的摩洛哥（图 14.13）、欧洲的法国（图 14.14）、亚洲的印度（图 14.15）和美洲的古巴（图 14.16）发行的邮票中可以发现，无论湖泊、池塘、溪流和稻田，到处都能滋生按蚊。1977 年印度尼西亚为民族健康日发行的邮票中，一只伊蚊在瓶子中，说明这种蚊子喜欢在瓶瓶罐罐或树洞小坑的积水中生活（图 14.17），和按蚊有所不同。

雌蚊在交配后，急切需要吸血，以便为卵的发育补充蛋白质；反之，卵就不能发育，1968 年尼日利亚发行的邮票上，雌蚊已经吸饱血液（图 14.18）。1995 年可可斯（基林）群岛发行的邮票上，一只触角上有长长的刚毛的雄蚊，在海滨椰子林下飞舞，它只管交配，并不吸血，为补充体内水分，有时也喝点露水（图 14.19）。

图 14.13

图 14.16

图 14.17

图 14.18

图 14.14

图 14.15

图 14.19

图 14.20

据统计，全球估计有 20 多亿人笼罩在疟疾的阴影下。1970 年卢旺达为纪念发明奎宁 150 周年发行的邮票上，痛苦的患者正等着治疗（图 14.20）。全球每年疟疾患者达到 3 亿~5 亿人，患者发病时首先会发冷颤抖，继而发烧。由于疟原虫种类不同，蚊子传染的疟疾种类和症状也不相同。在非洲，每年因疟疾死亡的人数超过 500 万人，其中绝大多数是患有恶性疟疾的儿童和孕妇。1962 年老挝发行的邮票上，将儿童视为防止蚊子危害的重点保护对象（图 14.21）。

图 14.21a

图 14.21b

和蚊子作斗争一直是人类无可奈何的事。加拿大发行的邮票上，生动地描绘了早期欧洲人到太平洋沿岸探险的情景，在崎岖的山路上，威胁探险者安全的并非美洲豹，也不是大蟒蛇，而是四处飞舞的蚊子（图 14.22）。第二次世界大战期间，1944 年 1 月 23 日太平洋战场上的美国海军士兵皮拉特，寄出一封航空缩微胶片邮件，照片中的战士正在扑打蚊子（图 14.23），报告家人那天他消灭了 100 只蚊子，这是上级为了保持战斗力而布置的任务。

图 14.22

2. 追踪疟原虫

诺贝尔奖设立后的第二年，即 1902 年，英国人罗斯因揭示蚊子传播疟疾而获诺贝尔生理学或医学奖（图 14.24）。罗斯童年时生活在印度喜马拉雅山麓的一个疟疾高发地区，对疟疾的恐惧和憎恨，促使他年轻时随医务团到疫区

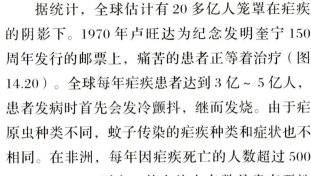
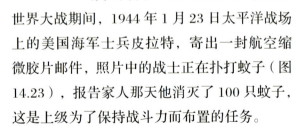

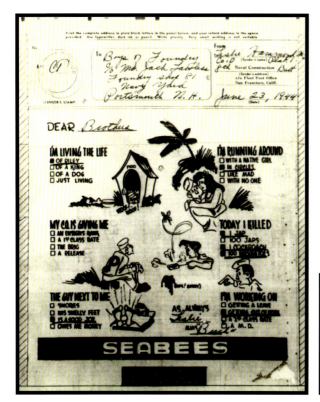

图 14.23

图 14.24

图 14.25

去调查和研究，考察结果让他确信疟疾与蚊子有关。1880 年罗斯回到英国，得知法国人拉弗朗已经从患者血液中找到疟原虫。后来他又回到印度，经过艰苦卓绝的探索，解剖了难以计数的蚊子，终于在按蚊的中肠和唾腺中找到了疟原虫，证实了患者体内的疟原虫是来自吸血的按蚊。

拉弗朗也在 1907 年获得诺贝尔生理学或医学奖。拉弗朗出身于法国医学世家，25 岁时随军团出征阿尔及利亚，那里的疟疾十分严重，他经过 6 年的潜心研究，终于在患者血液中找到致病的疟原虫，但当时他不知道疟原虫是从哪里来的。当年让他倾注毕生心血研究疟疾的阿尔及利亚，在 1951 年为他发行了纪念邮票（图 14.25）。

拉弗朗和罗斯为揭开蚊子传播疟疾的秘密，付出了毕生的精力和智慧。在这漫漫的征途上，除了拉弗朗和罗斯，还有很多科学家、医生和名不见经传的人士作出了贡献。意大利人格拉西对按蚊的识别与鉴定进行了大量的研究，同

图 14.26

图 14.27

图 14.30

图 14.28

图 14.29

图 14.31

时证明蚊子是传播疟原虫，并与罗斯还有过许多争论。1955 年格拉西逝世 30 周年时，意大利为他发行邮票作为纪念（图 14.26）。另一位意大利人高尔基，年轻时就对研究蚊子和疟疾充满兴趣，他确定了 3 种疟原虫以及对应的 3 种疟疾症状，并为疟原虫拍摄了第一张显微照片。由于他对神经系统的研究有卓越的贡献，在 1906 年也获得了诺贝尔生理学或医学奖（图 14.27）。

3. 一场没有打赢的歼灭战

法国药物学家皮勒特和卡文图（图 14.28）在 1820 年从金鸡纳树中成功分离出奎宁（quinine）。若干年后，法国军医麦罗特（图 14.29）用奎宁杀灭疟原虫取得成功，到 20 世纪初，法国人开始在非洲用奎宁治疗疟疾，效果十分明显。1970 年卢旺达为奎宁"诞生"150 周年发行的邮票上，除皮勒特和卡文图头像外，还有金鸡纳树（图 14.30）和经过分离提纯的奎宁（图 14.31）。同年法国也发行了纪念邮票，邮票上有奎宁的结构式，并指出药物在疟原虫上的作用位点（图 14.32）。在第二次世界大战后期，出产奎宁的印度尼西亚被日军占领，同时疟原虫对奎宁的抗性开始显现。人们开始用合成的氯奎（chloroquine）和伯奎（primaquine）来取代奎宁，1962 年古巴发行的邮票中就有这两种药物的结构式（图 14.33）。

奎宁系列药物无法阻挡成千上万的按蚊进攻。而且在按蚊身上多少都携带着疟原虫的幽灵，使人防不胜防，有时它们还随交通工具在各大洲之间穿梭。如何对付凶恶的按蚊，一直令人一筹莫展。1939 年瑞士人米勒（图 14.34）发现 DDT（滴滴涕）的杀虫活性以后，在第二次世界大战前线和后方，用它杀灭虱子、跳蚤和苍蝇都具有神奇的效果，为盟军赢得战争提供了有力的支撑；战后用于卫生防疫、农业和畜牧业也大受欢迎（图 14.35），米勒因此在1948 年获得诺贝尔生理学或医学奖。翌年，世界卫生组织（WHO）开始在阿

图 14.32

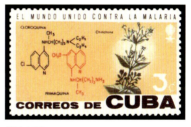

图 14.33

图 14.34

图 14.35

富汗等地用 DDT 灭蚊取得成效，1960 年阿富汗发行的邮票中彰显了此事（图14.36）。WHO 终于找到了消灭蚊子的法宝，看到了战胜疟疾的曙光，并决定开展为期五年的全球灭蚊防疟运动。

灭蚊防疟运动头几年进展顺利，WHO 决定在各国发行"全球联合抗疟"邮票，邮票上有统一口号和蛇徽加蚊子的标志，并由联合国带头发行（图14.37）。从 1962 年 4 月 7 日世界健康日开始，一年时间内有 144 个国家和地区参与，发行了有统一标志的灭蚊抗疟邮票 300 多枚。邮票为 WHO 的行动造势，并为灭蚊运动集资，也反映出当时的运动情况。如菲律宾发行的邮票上辽阔的湖面（图14.38）以及摩纳哥发行的邮票上湿地复杂的地貌（图14.39），说明灭蚊任务的艰巨；埃塞俄比亚（图14.40）发行的邮票上绘出的世界地图说明，

图 14.36

图 14.38

图 14.37

图 14.39

图 14.40

图 14.41

图 14.42

图 14.43

图 14.44

图 14.45

该运动是全球范围的任务；泰国（图 14.41）和突尼斯（图 14.42）发行的邮票上显示了当时人们的决战信心；从以色列发行的邮票中可以看到，经过前面几年的努力，尤其是在蚊子滋生地喷药灭蚊，使各地蚊子数量直线下降（图 14.43）。以锡兰为例（图 14.44），1955 年有疟疾病例达100 万人，而到 1964 年仅出现了 17 例。在民主德国（图 13.45）邮票上，人们用 DDT 横扫各地蚊子。WHO 的统计，DDT 使 10 亿人免除疟疾等疾病的痛苦，帮助 5 000 万人脱离死亡。但由于对不同生境中喷药灭蚊的艰巨性、复杂性和有效性估计不足；蚊子和疟原虫产生抗性之快出人意料；用药的费用因对付抗性蚊子而远远超出预计，而且环境污染等问题逐步显现，灭蚊防疟出现了负面效果。

1962年美国海洋生物学家卡逊（图14.46）出版了《寂静的春天》一书，她以优美的散文形式给DDT敲响丧钟，激起社会舆论一片哗然，为了保护环境，原来积极支持并出资赞助的美国国会（图14.47），决定停止拨款。这对灭蚊运动无疑是釜底抽薪，导致整个运动就此草草收场。20多年后蚊子又卷土重来，疟疾再次威胁人类的健康和生存。

2011年，全球抗疟运动50周年之际，又有部分国家发行了纪念邮票。其中只有博茨瓦纳总结了中国的抗疟经验，4枚邮票反映出4条措施（图14.48）：一是搞好环境卫生；二是室内滞留喷洒；三是使用蚊帐（最好是用长效菊酯药浸泡过的）；四是要用药消灭疟原虫，中国被世界卫生组织宣布为无疟国家。

图 14.46

图 14.47

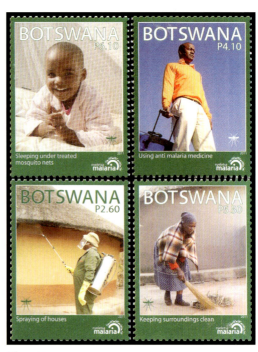

图 14.48

图 14.49

　　2015 年 10 月，中国女药学家屠呦呦以 "从中医药古典文献中获取灵感，先驱性地发现青蒿素，开创疟疾治疗新方法"，获得诺贝尔生理学或医学奖。屠呦呦团队开发研制的灭疟药特别是甲基青蒿素，成为世界首选的抗疟特效药。从 20 世纪 90 年代起，WHO 推荐以青蒿素类为主的复合疗法作为治疗疟疾的首选方案，现已在全球疟疾流行地区得到广泛使用。从 2000 年的全球疟疾发病 2.14 亿例、死亡 73.8 万人，到 2015 年发病率和死亡率分别下降了 37% 和 60%，挽救了大约 590 万名儿童的生命。2016 年马里发行了诺贝尔奖获得者邮票（图 14.49），展现了屠呦呦及其伟大的科学成就。

图 14.51

4．决战黄热病

自 1933 年起，古巴先后 4 次发行纪念芬雷医生的邮票（图 14.50）。巴拿马也在 1950 年发行了纪念邮票（图 14.51）。一位与蚊子有关的老医生 5 次出现在邮票上，要弄清其中缘由，必须先从黄热病谈起。

500 多年前，原产西非的埃及伊蚊跟着装载奴隶的船只一起来到加勒比海各个岛屿，黄热病也跟着传播开来。患者出现高烧、黄疸、出血等症状，最后患者会因出现神经系统炎症而迅速死亡。黄热病 19 世纪初袭击美国，导致十几万人发病，2 万多人死亡。巴拿马运河因大批工人死

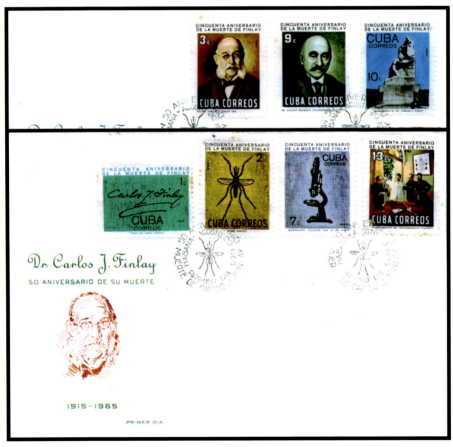

图 14.50

图 14.52

图 14.54

图 14.53

图 14.55

去而被迫停工。当时人们对黄热病一无所知，哈瓦那医生芬雷经过调查、观察和研究，怀疑其与蚊子有关，但屡次用蚊子试验都未能成功。因为他当时还不知道只有伊蚊（图 14.52）才是传播该病的元凶。

1900 年美国派军医里德到古巴，他利用芬雷的设想和志愿者的献身精神，证实黄热病是一种由埃及伊蚊传播的传染病。美国志愿者玛丝为此献出了生命（图 14.53）。1997 年马绍尔群岛发行 20 世纪大事件邮票，把里德领导的防治黄热病获得成功列为第一件大事（图 14.54）。

在古巴，芬雷享有极高的威望。他生于哈瓦那，父亲是苏格兰人，母亲是法国人，早年到美国学医，后来回到古巴，致力于传染病的研究和治疗，并全力研究黄热病。他根据季节性发病的特点，以及流行病与天气、蚊子的关系，提出蚊子有传染黄热病的嫌疑，这些论断记录在古巴 1981 年发行的邮票上（图 14.55）。

1898 年美国派上校军医戈加斯到古巴任总督，他证明黄热病的病原是一种新的微生物（病毒），采用隔离法和烟熏法消灭哈瓦那的蚊子，防治黄热病大见成效。后来他又被派往运河工地，从法国人手里接管工程，通过清除坛坛罐罐中的积水和各处死水，不让伊蚊滋生，获得灭蚊治病和开挖运河双重胜利。

图 14.56

图 14.57

图 14.58

图 14.59

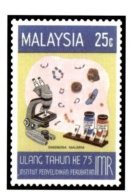

图 14.60

2003 年巴拿马为纪念戈加斯和医学研究所发行了纪念邮票（图 14.56）。

5. 回应蚊子的反攻

1972 年，美国开始禁用 DDT，世界各地也陆续禁用 DDT 和有机氯杀虫剂。从那时起，抗性的蚊子和敏感的蚊子一起，如脱缰的野马，快速繁殖它们的种群，带着抗性疟原虫，向人类反扑过来。痛定思痛，WHO 在 20 世纪 70 年代以后改变了灭蚊防疟的策略，我们从邮票上可以看到这种转变。WHO 在有条件的地区建立基地，首先进行宣传教育和人员培训，1988 年老挝发行的邮票上展示了医生正在给灭蚊防疟人员上课（图 14.57）。从 1988 年所罗门群岛发行的邮票（图 14.58）中可以看到，防治药剂以用拟除虫菊酯为主，重点转向保护房舍和室内，用药剂进行滞留喷洒。1981 年刚果发行的邮票（图 14.59）传达了新的综合防治策略：睡觉时要用蚊帐，最好是用药水处理过的；在滋生蚊子的水域要注杀虫剂或油剂以杀死孑孓；发烧生病应立即到医院检查、治疗。随着疟原虫不断变异并产生抗性，马来西亚（图 14.60）和文莱（图 14.61）发行的邮票上介绍了对策：需要从手指上取血，用快速诊断盒测定疟原虫的抗性或变异类型，并给患者对症服药；尼加拉瓜发行的邮票上，宣传了经过检测后，给患者服用乙胺嘧啶（Daraprim），在消灭按蚊的同时，重视消灭疟原虫，并在邮票反面用文字加以说明（图14.62）。
在柬埔寨和塞内加尔的试点表明，4年内接受综合防治试验的村庄，疟疾死亡人数减少了33%，老百姓在疟疾面前，不再束手无策。

随着疟疾的卷土重来，登革热在一些热带地区也时不时兴风作浪。登革热是由埃及伊蚊和白纹伊蚊传播病毒引起的，患者产生难以忍受的关节疼痛，严重的会出血致死。20世纪80年代，印度、古巴等地登革热流行，上百万人罹病，数百人死亡。2004年法属瓦利斯和富图纳群岛发行防登革热邮票小全张，通过一幅儿童画描写飞舞的蚊子、流泪的患者和蚊子攻击儿童的可怕情景，边纸上有"消灭蚊子""防治登革热"的口号（图14.63）。

在世界上要做到控制蚊子，消灭疫病，任重而道远。

图 14.61

图 14.62

图 14.63

人类在害虫面前的抉择

在害虫面前人类从听天由命到发动大规模的"化学战争"，走过一条漫长曲折的道路，但害虫也采取了相应的对策，它们具有强大的适应和繁殖能力，并常常用抗药性进行反击。正所谓"道高一尺，魔高一丈"。从 20 世纪 40 年代到 60 年代，北美大陆仅 DDT 施用量就达 67.5 万 t，然而田里害虫依然存在，而春天里却少了小鸟的鸣声。于是人类开始反思，到 70 年代中期，害虫的"综合防治"悄然兴起。人类着手在昆虫的利与弊之间寻找平衡点。

1. 现代害虫化防从居室开始

蚊子、苍蝇、跳蚤、臭虫、虱子是人类进入现代文明社会的障碍。20 世纪初，人们就用当时的先进手段和卫生昆虫宣战。在 100 多年前的奥地利明信片上，配图中厂商推出一种小型的手持喷粉器，供家庭使用，药粉用完后可以再装，从而能反复使用（图 15.1）。1925 年法国利用小本票封面（图 15.2）宣传"MORTIS"杀虫药剂，用来消灭老鼠和臭虫。这些杀虫剂大多由除虫菊花加工制成。比利时的广告邮资明信片上也曾有诱杀苍蝇的"Aeroxn"毒饵罐广告（图 15.3）。进入 20 世纪 40 年代，市场上出现唧筒式喷雾器，在家庭中被广泛用来喷射 DDT 煤油溶液（在中国称为"滴滴涕筒"）。1954 年从美国开始推广含有气化剂的"气雾弹"（Aerosol bomb），只要打开气雾弹的阀门，就能自动喷射高度雾化的除虫菊素药剂。这种先进"武器"由美国人苏

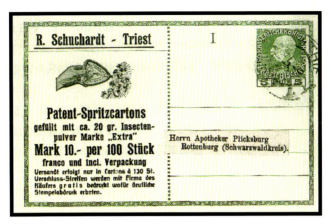

图 15.1

图 15.2

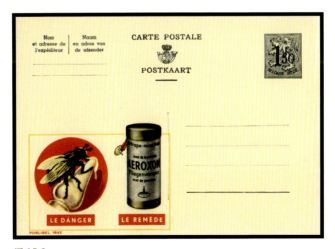

图 15.3

图 15.4

图 15.5

图 15.6

图 15.7

利文在 1941 年创制，第二次世界大战后期开始应用，最高年产达 5 000 万罐。1945 年后转为民用，并推广了 DDT 加除虫菊抽提物的气雾剂。瑞士也积极发展气雾剂，在小本邮资明信片封面的广告上，可以看到精彩的气雾剂喷射情况，许多蚊蝇随即倒下（图 15.4）。随着除虫菊素抽提、分离和人工合成的不断发展，药剂和器械也在不断改进，但由于药剂的光不稳定性没有解决，使用范围一直限于室内。

2. 在自然界寻找杀虫毒物

《周礼》（图 15.5）中记载，我们的祖先在 2 000 多年前就用毒物熏杀害虫。硫黄（图 15.6）和辰砂矿（图 15.7）中的硫与砷，是最早用来毒杀和熏杀田间害虫的矿物。硫黄后来成为重要的杀螨剂和杀菌剂。依靠无机杀虫剂杀虫的局面，一直延续到 20 世纪中叶。几百年前先民还种植和加工了有毒的植物来消灭害虫，主要有烟草（图 15.8）、除虫菊（图 15.9）和鱼藤（图 15.10）。烟草内含有烟碱，对害虫有很强的触杀作用，做成烟草水就能杀死蚜虫，后来科学家模仿烟碱的结构，合成了极好的内吸杀虫剂，称为新烟碱类药剂。鱼藤是一种豆科植物，它的根含有鱼藤酮，在东南亚被当地人用来毒鱼。加工成乳剂后能有效防治马铃薯甲虫和其他蔬菜害虫。19 世纪中叶，欧洲人在肯尼亚发现当地人将干除虫菊花投入篝火中，有杀虫驱虫的功能，于是开始研究用除虫菊杀虫。20 世纪在东南亚和非洲等地都栽培除虫菊，1966 年刚果发行的邮票上（图 15.11）可以看到大面积栽培和采摘除虫菊花的情景。1963 年美国加工的除虫菊花就达 160 多万磅，抽提物近 50 万磅。人工模拟它的化学结构进行合成，许多国家的科学家为此花费了几十年的时间，1973 年前后可用来防治大田害虫的拟除虫菊酯合成获得成功，稳定性和杀虫效果都比天然除虫菊提

图 15.8

图 15.9

图 15.10

图 15.11

高了数百倍，许多种类都成为安全高效、低毒、低残留的杀虫剂，在英国、法国和比利时许多农药公司竞相生产。

　　自然界中蕴藏着多种动植物和微生物，为我们提供各种杀灭或调节害虫生长的物质，以及合成新药的先导物质。

图 15.12

图 15.13

图 15.14a

图 15.14b

3. "农药万能"遭遇尴尬

　　20 世纪中叶之前，马铃薯甲虫从美国传入西欧，在大西洋两岸的农民艰难地用无机杀虫剂来抵挡。20 世纪 40 年代，DDT 以其优越的杀虫效果，使人感到害虫末日已经临近。接着，六六六和有机磷杀虫剂陆续面世。世界各地普遍施用高效杀虫剂，农作物因病虫害造成的损失，从原来的 30% ~ 50% 下降了 10% ~ 15%。

　　高效和廉价的特性，为杀虫剂在农田的大规模应用创造了条件，各种喷粉器、喷雾器应运而生。喷洒效力不断提高，药械厂的规模也不断扩大。在喀麦隆的果园里，果农正在喷烟雾剂（图 15.12）；圣赫勒拿花农用喷雾器在为花儿喷洒杀虫剂（图 15.13）。为了快速扑灭大面积的蝗灾，1969 年法属阿法尔和伊萨发行的治蝗邮票中，农用飞机和直升机向荒漠、丛林喷洒杀虫剂（图 15.14a、图 15.14b）。自从大规模使用 DDT 开始，有了高效喷洒器械，杀虫剂就源源不断地进入农田和水域。

　　当大批杀虫剂撒向田野、山林、村庄、河流和池塘时，许多益虫也纷纷死去。1998 年 1 枚丹麦发行的邮票向人们发出警告：一滴药液很快就会断送七星瓢虫的性命（图 15.15）。由此社会上还出现"杀虫剂可以休矣！"的呼声。

4．以菌治虫和以虫治虫

1988 年佛得角发行的"害虫综合防治"邮票，澳洲瓢虫正在消灭一群吹绵蚧（图 15.16）。1980 年土耳其发行的"天敌"邮票，放大了瓢虫捕食吹绵蚧的镜头（图 15.17）。吹绵蚧原产于澳大利亚，1880 年随柑橘进入北美。摆脱了天敌控制的吹绵蚧就肆意繁殖，终于成了无法控制的灾害，而且还扩散到日本、中国等地。后来昆虫学家到澳大利亚找回了它的天敌，将澳洲瓢虫引入美国，局面才得以改变。这是害虫生物防治的成功范例。

自然界中天敌昆虫繁多，如 1969 年毛里塔尼亚发行的邮票中，可以看到安毛艳瓢虫在椰枣叶面上取食枣盾片蚧的情景（图 15.18）。椰枣已有 5 000多年的栽培历史，其枣子含有丰富的营养成分，树木高大，瓢虫对付枣盾片蚧是行之有效的办法。人类尽管有许多益虫帮助，可以平衡害虫的消长，但在"农

图 15.15

图 15.16

图 15.17

图 15.18

药万能"的时代，大量天敌受到摧残，结果害虫越治越多。20 世纪 70 年代国际植保组织终于提出害虫"综合治理"的方针。于是生物防治受到高度关注。在佛得角的邮票中，除了用瓢虫消灭介壳虫，还有施用病毒防治鳞翅目幼虫（图15.19），用皱背姬蜂和寄蝇消灭害虫（图 15.20）。土耳其发行的邮票中，还有艳广肩步甲消灭灯蛾幼虫（图 15.21）、黑盲蝽取食蚜虫（图 15.22）、麦蛾茧蜂在红铃虫上产卵（图 15.23）等。2023 年中国发行的邮票中的叉角厉蝽，也是一种常见的天敌昆虫，从若虫阶段就是农田害虫的克星（图 15.24），这些天敌在控制害虫方面都卓有成效。第 4 届国际病虫综合防治大会于 1991 年在洪都拉斯召开，洪都拉斯发行了害虫生物防治邮票，在小型张中展示了生物防治的具体实例：感染多角体病毒的鳞翅目幼虫，在夜蛾幼虫身上产卵的茧蜂、捕捉毛虫的蝶蠃，以及消灭杂草的象甲等（图 15.25）；3 张邮票上分别是：寄生蜂在鳞翅目卵上产卵（图 15.26）、在烟田里用性信息素迷向法干扰天蚕蛾交配（图 15.27）、施用病毒制剂来杀菜蛾幼虫（图 15.28）。有些寄

图 15.19

图 15.20

图 15.21

图 15.22

图 15.23

图 15.25

图 15.24

图 15.26

图 15.27

图 15.28

图 15.29

图 15.30

图 15.31

图 15.32

图 15.33

图 15.34

图 15.35

生蜂已经可以工厂化生产，用来防治多种鳞翅目幼虫。如朝鲜发行的邮票上的松毛虫赤眼蜂（图 15.29）、玉米螟赤眼蜂（图 15.30）和广大腿小蜂（图 15.31）。

许多取食害虫的鸟类和蛙类，近年来开始受到保护，这也反映在邮票上。如 1965 年沙迦发行的邮票上的戴胜（图 15.32），1999 年马里发行的邮票上的白背矶鸫（图 15.33）、诺福克群岛发行的邮票上的圣翠鸟（图 15.34），2006 年毛里求斯发行的邮票上的麦鸫（图 15.35），等等。

5. 没有杀虫剂的防线

害虫的综合治理要求人们摆脱对杀虫剂的依赖，维护自然界的生态平衡。外来物种入侵使一个地区的物种格局遭遇危机。1877 年英国利物浦港发现一只外来的马铃薯甲虫，这是一个十分危险的信号。英国政府在当年 8 月，制定了《毁灭性害虫法》，采取一切措施抵挡马铃薯甲虫的入侵。此后曾多次在英国发现马铃薯甲虫，都采取严厉的扑杀措施，并且获得成功。20 世纪 30 年代到 40 年代，比利时在邮资明信片上宣传消灭马铃薯甲虫，就是对检疫害虫的一种有力的措施（图 15.36）。这标志着世界上植物检疫的开始。现今世界交通发达，人员往来频繁，植物检疫显得更加重要。1981 年巴布亚新几内亚在邮戳上告诫公众：执行检疫，防止动植物病虫入侵（图 15.37）。2008 年澳大利亚发行的邮票上，

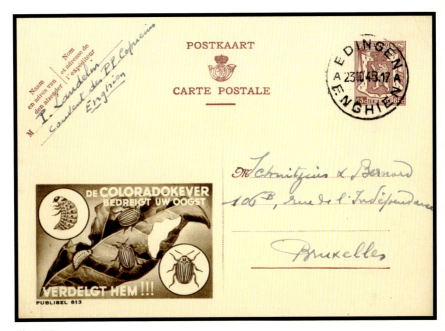

图 15.36

图 15.37

图 15.38

具体细致地展示了港口、机场进行检疫的情景（图 15.38）。

培育和栽种抵抗害虫的作物品种，在大自然的天平上不让害虫增添砝码。20 世纪 60 年代，国际水稻研究所为全球水稻增产推行"绿色革命"，育成许多抗虫高产水稻品种（图 15.39）。在中国台湾发行的邮票上，展示了台湾农业试验所利用国际水稻研究所的抗性遗传资源，培育高产品种"台农 67"。这种品种能抵抗多种病虫害，使得稻飞虱的药剂防治面积减少 23%（图 15.40）。

灯光诱杀昆虫，使用历史已久。20 世纪 50 年代，美国开发短光波荧光灯杀虫，诱杀昆虫的效力明显提高。但益虫也有趋光性，难免玉石俱焚。1995 年泰国发行的邮票上展示了这种荧光诱虫灯（图 15.41）。

人类无法回归原始状态，因为我们的地球正承受着巨大的人口压力。我们的大规模单一种植模式，给多样性生物的空间越来越小。但是，人类可以调整自己的生活方式和生产方式，昆虫和自然之间也能建立互利的平衡关系，有时无须杀虫剂参与。如果一旦某种昆虫成为潜在的威胁，就需要我们构建一个防御体系，把化学药剂的用量压缩到最低程度。

图 15.39

图 15.40

图 15.41

STAMPS OF INSECTS

建设人虫和谐的乐园

地球是人类和昆虫以及一切生物的家园。随着全球人口的增长，城市化进程的加快，森林资源的不断减少，二氧化碳排放量的急剧增加，臭氧层遭到了意想不到的破坏，导致温室效应加大，全球气候变暖……同时，工业化带来的环境污染和滥用农药造成的生态灾难，使人类和昆虫共同面临尴尬境地。

1. 林奈和后继者们的贡献

人类科学和系统地认知昆虫起源于林奈（图 16.1）。林奈诞生在 18 世纪初，出生在瑞典农民家里，由于他的天才、兴趣和努力，最终成为植物学家、昆虫学家、矿物学家和医生。他年轻时到北欧拉普兰（Lapuland）去考察，就像 1978 年在他逝世 200 周年邮票中那样：身穿拉普兰服，手持拉普兰鼓，头戴荷兰医生帽，到荒野采集标本，开始他的研究工作（图 16.2）。他创立了为动植物命名的双名法。双名法将昆虫分为 7 个目，用纲、目、属、种的系统为动物分类。一生定名的昆虫近 3 000 种，如 1974 年伯利兹发行的邮票上的草芒凤蝶（图 16.3）、2000 年中国香港发行的邮票上的龙眼鸡（图 16.4）、韩国发行的邮票上的红线蛱蝶（图 16.5）。这些昆虫的学名后面都标明定名人是林奈。林奈还培养了不少学生。其中有大名鼎鼎的法布里休斯。法氏一人记述、命名的昆虫达 9 776 种，并提出了昆虫的命名法则。在邮票上，昆虫学名后面

图 16.1

图 16.3

图 16.4

图 16.5

图 16.2

同样能看到定名人，如 1984 年葡属亚速尔发行的邮票中的柳叶甲（图 16.6）和茹美熊蜂（图 16.7）。林奈笃信上帝创造物种，他无法解释如此庞杂众多的昆虫，以及它们之间的相似性和变异性。但他为现代昆虫分类学奠定了基础，为后人认识昆虫的多样性迈开了十分重要的一步。在他逝世时，瑞典皇家给予他最高等级的荣誉。

林奈之后，许多昆虫学和博物学爱好者和专家，为认识昆虫、利用昆虫和调控昆虫进行了大量的探索和研究，他们深入丛林、考察海岛、探险洞穴、追踪极地，做了大量艰苦细致的工作。法布尔在他简陋的实验室和荒石园中，孜孜不倦地和昆虫打了 40 多年交道（图 16.8）。青少年也拿起照相机和望远镜观看昆虫是怎样生活的（图 16.9）。捕虫网是人类和昆虫

图 16.6

图 16.7

图 16.8

图 16.9

联系的见证（图 16.10），显微镜
成了人们深入了解昆虫的纽带（图
16.11）。成千上万枚昆虫邮票已成
为人虫交流的橱窗。

图 16.10   图 16.11

2. 保护共同的地球家园

近年来，保护地球的臭氧层出现
了大窟窿，全球气候变暖，极地冰雪消融，荒漠化面积扩大，影响昆虫生存，对此，
2001 年联合国"气候变化"邮票中向我们作了全景式的展示（图 16.12）。
1975 年以色列发行的邮票中，工业污染使蝴蝶翅膀黑化（图 16.13），2006
年圣马力诺发行的邮票中，更进一步地揭示了污染产生的深远影响，警示我们：
今日蝴蝶破翅，明日就是人类下一代的健康受损（图 16.14）。2000 年荷兰发

图 16.12

图 16.13   图 16.14

图 16.15

图 16.16

图 16.17

行的邮票暗示，污染将使水里的蜻蜓、蛙和蛇消失得无影无踪，食物链和生态平衡都会彻底被毁（图 16.15）。

为了保护臭氧层，1985 年世界各国在维也纳签订公约；为抑制气候变暖，1997 年 149 个国家或地区签订《京都议定书》；同年，联合国制订《人和生物圈计划》。1992 年联合国在巴西里约热内卢召开世界环境与发展大会，签订了《生物多样性公约》，提出"保护物种多样性，可持续地利用其组成部分，公平、合理地分享和利用由遗传资源产生的利益"。凡此种种，反映到方寸天地里首先是保护环境和资源。为配合世界环境与发展大会，巴西发行了保护生态邮票，卡通娃娃莫妮卡和蝴蝶因此大会召开而欢欣鼓舞（图 16.16）。各国政府在 1973 年就成立了"国际自然及自然资源保护联盟"，于 1988 年在哥斯达黎加召开第 17 届自然资源保护大会时发行了邮票（图 16.17）。1990 年汤加发行的小型张，口号是"绿色地球是我们孩子的未来"（图16.18）。联合国决定将6月5日定为环保日，埃及多次发行保护昆虫和其他动物的邮票，2007年发行的邮票上，一只灰蝶停歇在融化的冰块上，象征着全球气候变暖，暗示环境与生命都面临威胁（图16.19）。1997年白俄罗斯为明斯克召开的国际经济转型期国家可持续发展大会发行的邮票，宣传拯救地球，保护臭氧层，保护生物多样性（图16.20）。1999

图 16.18

图 16.19

图 16.20

年哈萨克斯坦发行了保护臭氧层（图 16.21）和保护自然（图 16.22）的邮票。

　　为保护地球上昆虫的栖息地，1996 年德国发行的邮票中告诉大家：生物的避难所——全球热带雨林在哪里（图 16.23）。2002 年特立尼达和多巴哥发行了不干胶小本票，封面上指出：各种动植物是"热带雨林的财富"（图 16.24）。

图 16.21

图 16.22

图 16.23

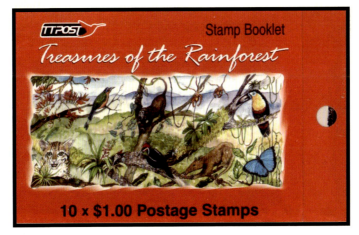

图 16.24

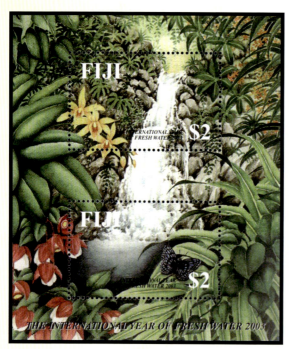

图 16.25

图 16.27

图 16.26

2003 年斐济和 2007 年马来西亚都发行了保护热带雨林的邮票（图 16.25、图 16.26）。1976 年法属圭亚那发行的邮票，显示滨海红树林和尖翅蓝闪蝶都是宝贵的财富（图 16.27）。1984 年科科斯（基林）群岛发行的圣诞节邮票中，提醒人们珍惜蓝天白云彩蝶翱翔的自然（图 16.28）。1994 年奥兰群岛发行的小本票封面上展示了绿色的树林——蝴蝶的家园（图 16.29）。1995 年匈牙利

图 16.28   图 16.29

图 16.30

为欧洲自然保护年发行了邮票（图16.30）。从
上面这些邮品中，我们仿佛听到了无数生命在
为保护地球的绿色和洁净而呐喊。

图 16.31

3．珍稀生物的多样性

　　人们至今虽然为百万种昆虫的身份作出了
鉴定，但是不知：还有多少收藏在博物馆里？还有多少存活在自然界？还有多
少还没有来得及和我们打个招呼就离去了？无论哪种昆虫，它们在地球上都默
默守望了数亿年。在地球环境日益恶化的时候，留住生物和昆虫的多样性愈
来愈显得迫切和沉重。2004年马来西亚发行的邮票上，保护多样性生物的对
象——从红颈鸟翼凤蝶到大象，正在期待人们的救援（图16.31）。

1993 年新加坡发行的蝴蝶小本票封面上，号召人类向昆虫伸出友善的手（图 16.32）。保护昆虫和野生动物的当务之急是保护濒危动物。近年来，可能已有 60 多种昆虫在地球上消失了，有 1 000 多种濒临灭绝。世界各国 1973 年在华盛顿签订《濒危野生动植物种国际贸易公约》，即 CITES，确立了各地要保护的濒危物种和级别。2001 年波兰发行"CITES"邮票，在邮票中展示了波兰的濒危昆虫和其他动物，其中有阿波罗绢蝶，在小型张中显示了保护范围的全球性和对象的广泛性（图 16.33、图 16.34）。此外，许多国家都有自己的红皮书，明确保护重点和级别。如 1993 年荷兰发行的蝴蝶濒危物种邮

图 16.32

图 16.33

图 16.34

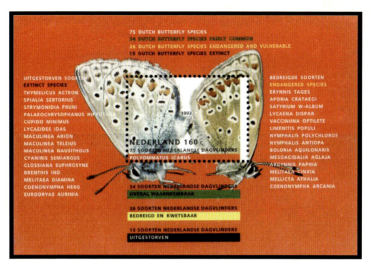

图 16.35

图 16.36

图 16.37

图 16.38

票。在小型张中除了正在交配的普蓝眼灰蝶（图 16.35），还开列了一张清单：详细列出荷兰 75 种蝴蝶的现状：15 种已经消失，用黑色表示，优珍蛱蝶为代表（图 16.36）；26 种已经濒危，用黄色表示，朱蛱蝶为代表（16.37）；34 种为常见种，用绿色表示，大菜粉蝶为代表（图 16.38）。

4. 以熊猫名义保护濒危昆虫

　　1961 年创立的世界自然基金会，创始人是英国人朱利安·赫胥黎，他曾经担任联合国教科文组织第一任总干事，创立基金会的目的是保护野生动物资源。世界自然基金会用我国珍稀动物熊猫作标志。基金会通过多年来的出色工作，已经成为全球最大的群众组织。许多国家为保护濒危物种，通过发行邮票募集资金。迄今已发行 7 套昆虫邮票，每套按规定都是 4 枚，还有一些和其他

图 16.39

动物一起配套发行的。邮票上都有熊猫标志。如 1988 年墨西哥发行的黑脉金斑蝶邮票（图 6.42），1988 年马达加斯加发行的甲虫邮票（图 16.39），1993 年圣马力诺发行的蝴蝶邮票（图 16.40），1994 年多米尼克发行的南美长戟犀金龟邮票（图 16.41），1997 年格恩西岛发行的蝴蝶邮票（图 16.42），2004 年泽西岛发行的昆虫邮票（图 16.43），2005 年爱尔兰发行的蝴蝶邮票（图 16.44）。

另外，还有一些组合在其他动物中的熊猫标志邮票，如 1978 年毛里求斯发行的保护动物组合中，有一枚是已列入濒危名录的满德凤蝶（图 16.45），1993 年新西兰发行的动物邮票中，有一枚有巨沙螽图案（图 16.46），又单独发行了凯库拉巨沙螽邮票（图 16.47）。1989 年泽西岛发行的野生动物邮票中，有一枚圆纹弄蝶（图 16.48），同年列支敦士登的动物邮票中有欧洲蝶角蛉（图 16.49）。这些邮票因为都有熊猫标记，不仅可以募集

图 16.40

图 16.41

图 16.42

图 16.43

图 16.44

图 16.45

图 16.46

图 16.47

图 16.48

图 16.49

图 16.50a

图 16.50b

图 16.51

图 16.52

部分资金，更重要的是增加了人们的保护意识。此外许多国家发行濒危昆虫的邮票，联合国也参与其中（图 16.50），这对保护物种有非常积极的意义。

5. 人类与昆虫和谐共存

　　人类与昆虫共存是自然界永恒的主题。当天真的儿童挥网捕蝶（图 16.51），当活泼的孩子嬉戏溪边（图 16.52）的时候，我们分享大自然的恩典，而当我们面临人类自身和环境的挑战、生命发出无奈的哀叹的时候，我们思考：人类和昆虫如何实现和谐？如何共处？

　　1999 年奥地利发行的邮票上向我们展示了一个人类和动植物共享的乐园，这个多瑙－奥恩国家公园，位于维也纳附近的多瑙河流域中，占地 9 300 公顷，里面有河流、岛屿和湿地，1977 年建立以来，已经成为动物的天堂、昆虫的乐园（图 16.53）。这种类似于自然保护区的公园，

图 16.53

可能成为濒危昆虫的避难所，人虫和谐相处的处所。每一棵大树，都能成为像 2007 年捷克发行的邮票上那样的生态树（图 16.54）。就是在我们中国，人类与昆虫和谐共存也已经不是一句空话。在各地自然保护区内，在生态农业的实践中，在绿色家园的建设中，正在朝着目标一步一步向前走。2007 年新喀里多尼亚发行的一枚贺年邮票，为人类和生物生活在同一个地球上而欢呼，这既是我们的美梦，也是未来的写照（图 16.55）。

如今，人类已经将蝴蝶作为珍贵的礼物送给亲人（图 16.56），也有人利用高科技手段让昆虫从事侦探和间谍活动，还有人模仿昆虫，让我们获

图 16.54

图 16.55

图 16.56

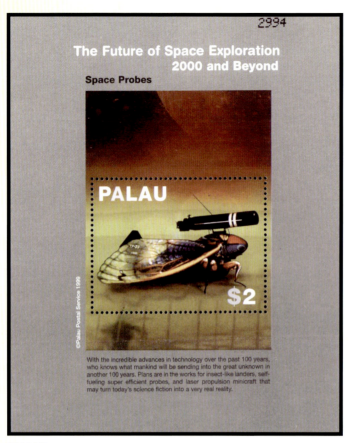

图 16.57

图 16.58

得更多的能力和智慧（图 16.57）。千万年来，人类与昆虫的恩恩怨怨将会演化出新的关系，不管局部关系如何变化，人类与昆虫长期共存是无法改变的目标。

近年来，在保护生物多样性方面，世界各国都作出了积极的努力。2021 年德国专门发行了濒危昆虫邮票（图 16.58），3 种甲虫分别是斑蕈甲、欧洲铠锹、斜纹天牛，表示昆虫保护更加受到人们的重视。2023 年中国发行了一套 4 枚昆虫邮票，其中 2 枚为国家二级保护动物，分别是阳彩臂金龟（图 16.59）和棘角蛇纹春蜓（图 16.60）。同年 4 月，在昆明举办全国集邮展览之际，中国发行了一套 2 枚特版自贴型《云南珍稀昆虫》数字化防伪邮资机宣传戳（此类邮品虽然名义上叫作邮资机宣传戳，但实际上只是形态接近，完全是印刷而成的，实为一种一年期使用的邮票），展示了两种分布在云南的国家二级保护昆虫：细角疣犀金龟（图 16.61）和格彩臂金龟（图

图 16.59

图 16.60

图 16.61

16.62），其图片选用了本书作者张巍巍在自然环境中拍摄的这两种珍稀昆虫的生态影像，弥足珍贵。

　　在我国，每年都有成百上千的昆虫新种被发现。澳门细蚁是 2017 年在中国澳门青洲山发现的新物种，仅仅 4 年后，它就登上了中国澳门发行的昆虫邮票小型张的主图（图 16.63）。

图 16.62

图 16.63

2021 年 10 月 11 日，《生物多样性公约》第
十五次缔约方大会（COP15）在云南昆明开幕。中
国为此发行了 1 枚水滴型邮票（图 16.64），"水滴"
中包含了身着民族服装的小女孩、大熊猫、孔雀、
蝴蝶、梅花、浪花等元素。背景中的甲骨文向世界
讲述了东方文明古国的历史和内涵，从而表达了生
物多样性和文化多样性。

图 16.64

本书所涉及昆虫种类分类索引
（以邮票图案出现页面为准）

后记

　　童年伊始，我就有着两大爱好：昆虫与集邮，或者说，集邮与昆虫。两个爱好在我心中有着相同的位置，可以说一天也没有离开过我！其原因就是二者之间有一个联系的纽带：昆虫邮票！

　　三十多年前，我的一大嗜好就是泡在杨集昆教授的书房里，听他讲昆虫的故事。杨先生不仅是昆虫分类大家，还收集与昆虫文化相关的各种物品，其中自然也包括邮票。在杨先生家里，我有幸遇到了王荫长教授，王老师是国内昆虫生理生化方面的权威，当时国内主要的昆虫生理生化教科书，几乎都是他主持编写的。王老师同时也是一位昆虫邮票的执着追求者。我们很自然地成为忘年交，并经常一起交流昆虫邮品收藏的体会，分享收藏的快乐。

　　与王老师第一次合作，是 1992 年在北京举行的第 19 届国际昆虫学大会上。通过王老师的联系，我们在会场展出了各自收藏的昆虫邮品，获得了中外昆虫学家的一致好评。

　　今天，《昆虫邮花》终于定稿，准备印刷出版了，这本书的前身是 2009 年出版的《邮票图说昆虫世界》一书，该书曾在 2012 年阿联酋沙迦第 28 届亚洲国际集邮展览（Sharjah 2012）中获得文献类大银奖，那是我跟王老师合作出版的第一本书。

2016 年的时候，我们和缪晓青教授再度合作出版了《蜜蜂邮花》一书，并在 2021 年日本横滨第 37 届亚洲国际集邮展览（Philanippon 2021）获得文献类镀金奖。《蜜蜂邮花》在 2022 年的时候第三次印刷，总数达到了 12 000 册，相信在国内专题集邮类图书中是首屈一指的，令人深感欣慰。

此次《邮票图说昆虫世界》修订再版，我们将书名定为《昆虫邮花》，希望将"邮花"系列发展下去。

2021 年，在王老师的精心策划和支持下，世界昆虫邮票博物馆在南京市溧水区正式开馆，对于昆虫和集邮知识的普及，起到了巨大的贡献。

愿昆虫邮票之花永远绽放！

张巍巍
2024 年 4 月 25 日于婆罗洲